誰にでもできる「交流会・勉強会」の主催者になって稼ぐ法

安井 麻代

同文舘出版

はじめに

私は、2008年頃から交流会を開催しはじめ、これまで100回以上の異業種交流会、パーティー、ランチ会、SNSのオフ会、食事会、勉強会やセミナー、講演会などを開催してきました。今まで、これらに参加してくださった参加者の方は、のべ3000人以上にもなります。

2011年は、月間12～15本の交流会やセミナーを主催しました。まさに2日に1回、何かを企画しているような状態でした。

しかし最初は、本書を手に取ってくれたあなたと同じように、勉強会や交流会の企画運営などしたことがない、まったくの初心者でした。一見難しそうに思われる交流会やセミナー、勉強会や講演会の主催ですが、きちんとノウハウを学んで開催すれば、決して難しいことではありません。

そして、**サラリーマンの副業として、月に3～5万円程度稼ぐことは十分可能だし、本気で取り組めば、本業として独立起業することだってできます。**

もともと私は、18才のときからバーテンダーとして飲食業界で働いていました。20才のときに勤めはじめた会社で、26才で独立するまで、現場業務からマネジメント、店舗開発にまで携わっていましたが、セミナーやイベントとはほぼ無縁の生活をしていました。

私は、2007年に出身地である名古屋から単身上京して独立起業し、初めての事業として銀座でバーを開業しました。そのバーを運営していく中で、客数や売上げをいかに上げていくか、またそのために、店が暇な時間帯の活用法を考え続けていました。

そして、いずれは飲食事業だけではなくセミナー事業を立ち上げたいと思っていたこともあり、そこで思いついたのが、SNSを活用した交流会やオフ会の開催でした。

交流会のお客様はセミナーにも興味がある人が多いと考えたことから、まずは交流会を開催してみようと考えたのです。

今でも覚えているのが、初めて交流会を企画したときのことです。そのとき、来てくださったお客様は10名ほどでした。交流会をやってみようと決めて、どんな内容にするかを考え、告知をしてから当日開催を終えるまで、参加者が本当に来てくださるのかどうか、無事に会を進行することができるのか、とても緊張していたことを覚えています。それが、今や年間動員数は１０００名以上となりました。

このように、どのように交流会を企画していけばいいのか、いったいどこで告知をすればいいのか、当日の運営方法や気をつけなければならないこと、広告費をほとんどかけずに「顧客リスト０」からでもはじめられる集客方法や当日の運営方法など、まったく何もノウハウがない中で学んだ、交流会やセミナーの自主開催の仕方のすべてを、本書でお伝えしていきたいと思います。

Contents

2章 イベントをはじめる前に

3章 交流会・勉強会開催までの流れ

4章 交流会・勉強会の収益のつくり方

5章 交流会・勉強会の企画の仕方

6章 交流会・勉強会の告知の仕方

7章 交流会・勉強会でのコミュニケーション術

装丁・本文デザイン／新田由起子（ムーブ）

プロローグ

——主催者になって稼ごう！

It opens.

何か、事業をはじめようとすると必要になってくるのが初期投資費用です。店をやろうと思えば、場所を借りるための保証金や礼金といった不動産取得費が必要となるし、店の内装・外装工事の費用や什器備品の購入代やＤＭ（ダイレクトメール）やチラシなどの広告宣伝費など、ある程度まとまったお金が必要になります。

しかし、勉強会や交流会は開催するにあたっては、ほとんど費用はかかりません。やり方によっては、０円でも開催することが可能です。

そのため、本業はサラリーマンで、副収入を得るために勉強会や交流会をしてみたいと思っている人でも、気軽に開催することができます。

そして、「はじめに」でも述べたように、月３〜５万円の収入を得ることは、比較的容易にできます。

たとえば会場――会場によっては、会場代を事前に振り込まなければならないところもありますが、当日支払いが可能なところもあります。また場合によっては、開催後の支払いが可能なところもあります。

また、集客に必要な告知は広告費をかけて、大々的に告知することもできますが、広告費をかけずに告知を行なうことだって可能です。これだけネットが普及している現代ですから、無料で告知できる場所は、ＨＰ（ホームページ）やブログ、ＦａｃｅｂｏｏｋなどのＳＮＳ（ソーシャル・ネットワーキング・サービス）、情報サイトなど無数にあります。

さらに主催者になるということは、開催日や時間も自分の都合で決めることができるため、休日や仕事がはじまる前、あるいは仕事が終わった後などの空いている時間を有効活用することもできます。

そういった点も、他に本業がある人でもやりやすいところです。

それから、私と同じように、飲食店のオーナーや店長も、交流会の開催によって新たな顧客を獲得することができるため、交流会の主催者になることには非常に大きなメリットがあります。

ビジネスとしての交流会・勉強会の位置づけ

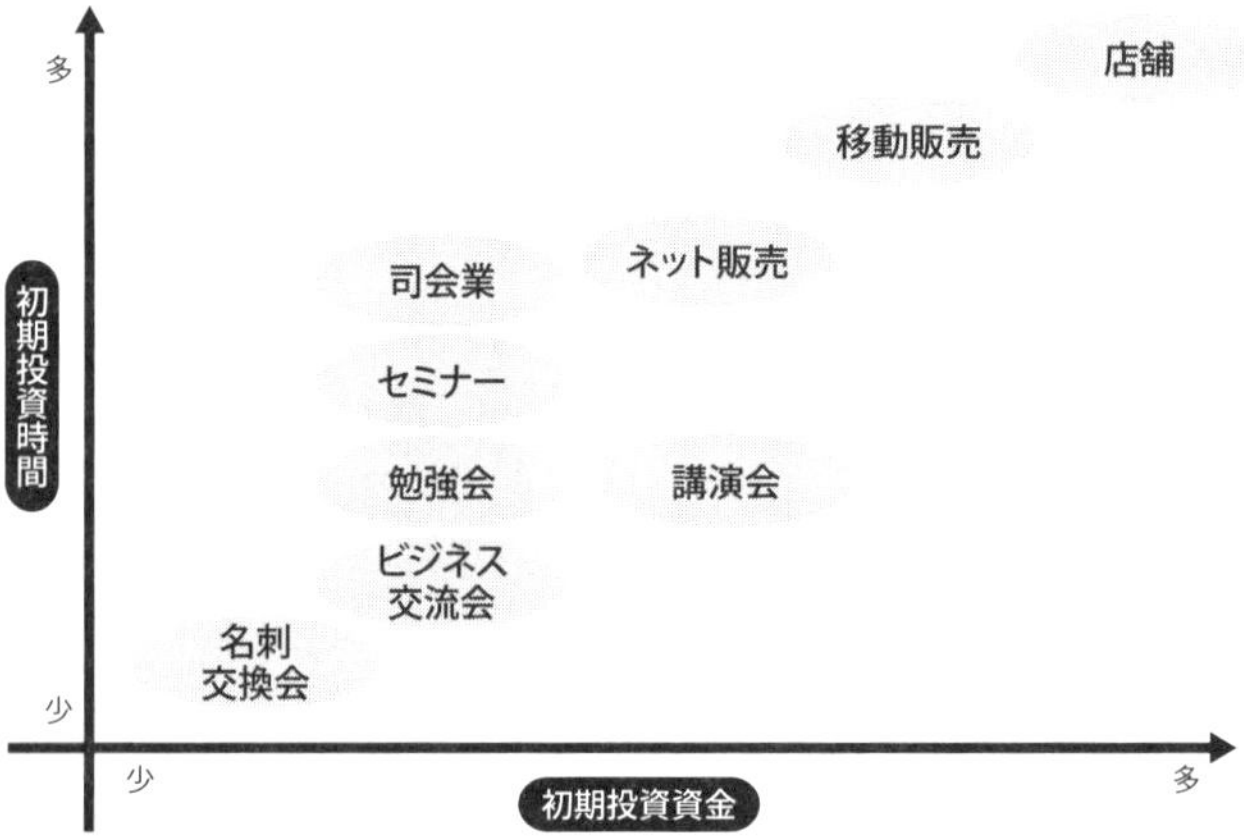

また、こういった場所を自分で持っている人は、会場探しの手間やコストダウンのための交渉に煩わされることもないし、考えようによっては、利益度外視でできるため、それだけでかなりの強みになると言っていいでしょう。

他には営業マンや、エステや美容関係など、新しいお客様を獲得するのに、交流会や勉強会の主催はとても有益です。それらを、順を追ってお話ししていくことにしましょう。

1 章

自主開催のメリット

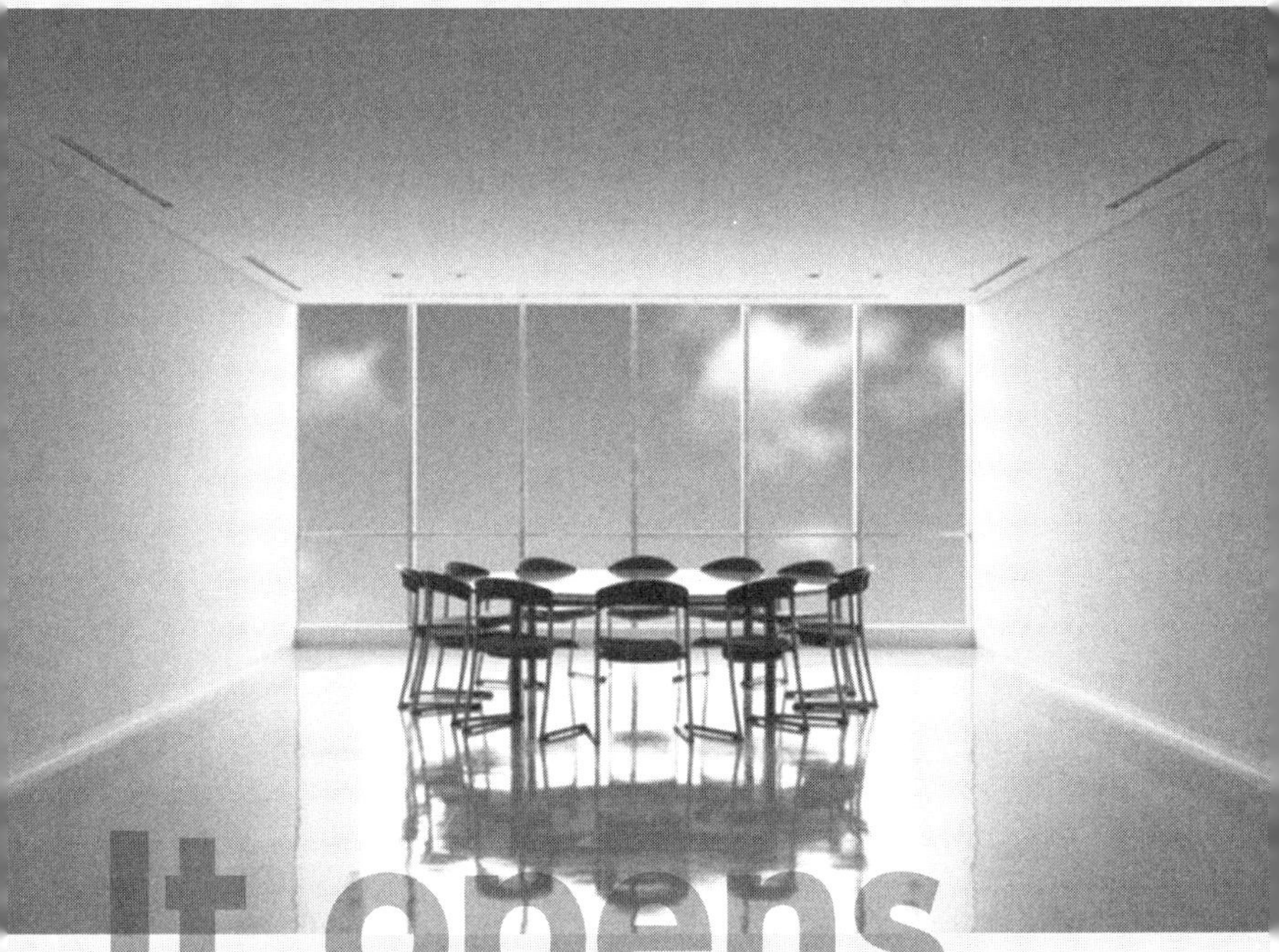

It opens.

01

さまざまなイベントの種類（交流会／パーティー／勉強会／セミナー／講演会）

本書では便宜上、交流会、パーティー、勉強会、セミナー、講演会などを総称して、イベントと定義することにします。

イベントと言うと、企業や各種団体、自治体などが開催しているフェスティバル、展覧会や即売会、フェアや音楽フェスティバルなど、大がかりなものを想像されるかもしれませんが、本書では、**個人が主催することができる交流会やパーティー、勉強会、講演会**についてお話ししていきます。

まず、交流会と呼ばれるものは大別すると、**①ビジネス色が強いもの**、**②趣味嗜好系のもの**があります。

その他、主催者のテーマ設定によってどちらにもなり得るのが、パワーモーニングやパワーランチと呼ばれる、朝食会やランチ会などです。

イベントのいろいろ

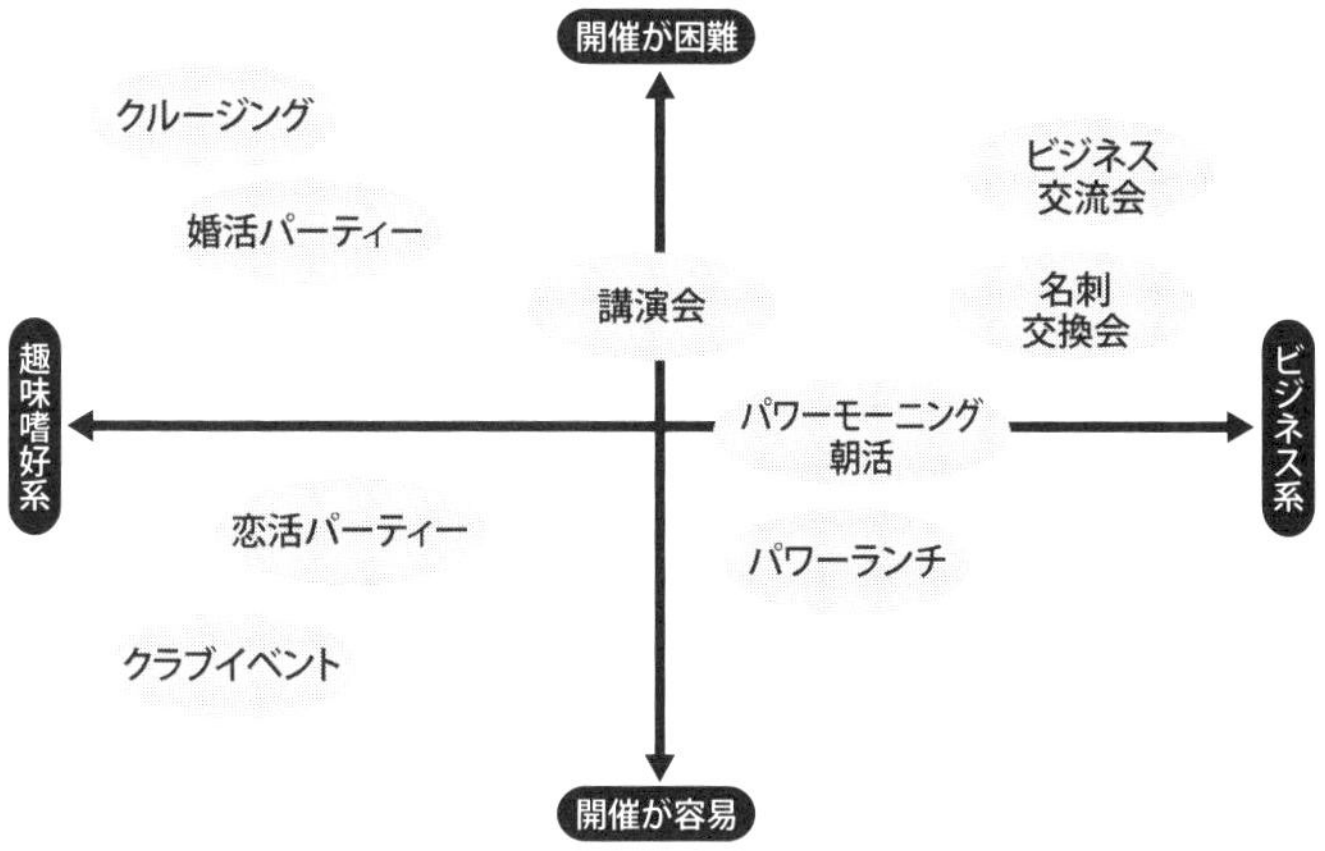

異業種交流会、ビジネス交流会、名刺交換会と呼ばれるものは、その名の通りビジネス色が強く、一方、友だちづくりや男女の出会いを目的とした食事会や恋活パーティー、婚活パーティー、クルージングパーティー、ブログやＳＮＳなどのオフ会、カフェ会、クラブでの音楽イベントなどは趣味嗜好系となります。

人数の規模は、数名から数百名までで、場所も民間の貸し会議室や公共の区民館、あるいはホテルのレストランや宴会場、ダイニングや居酒屋、バー、カフェ等の飲食店で行なわれるものもあります。

会場予約手続きの難易度と設備の充実具合

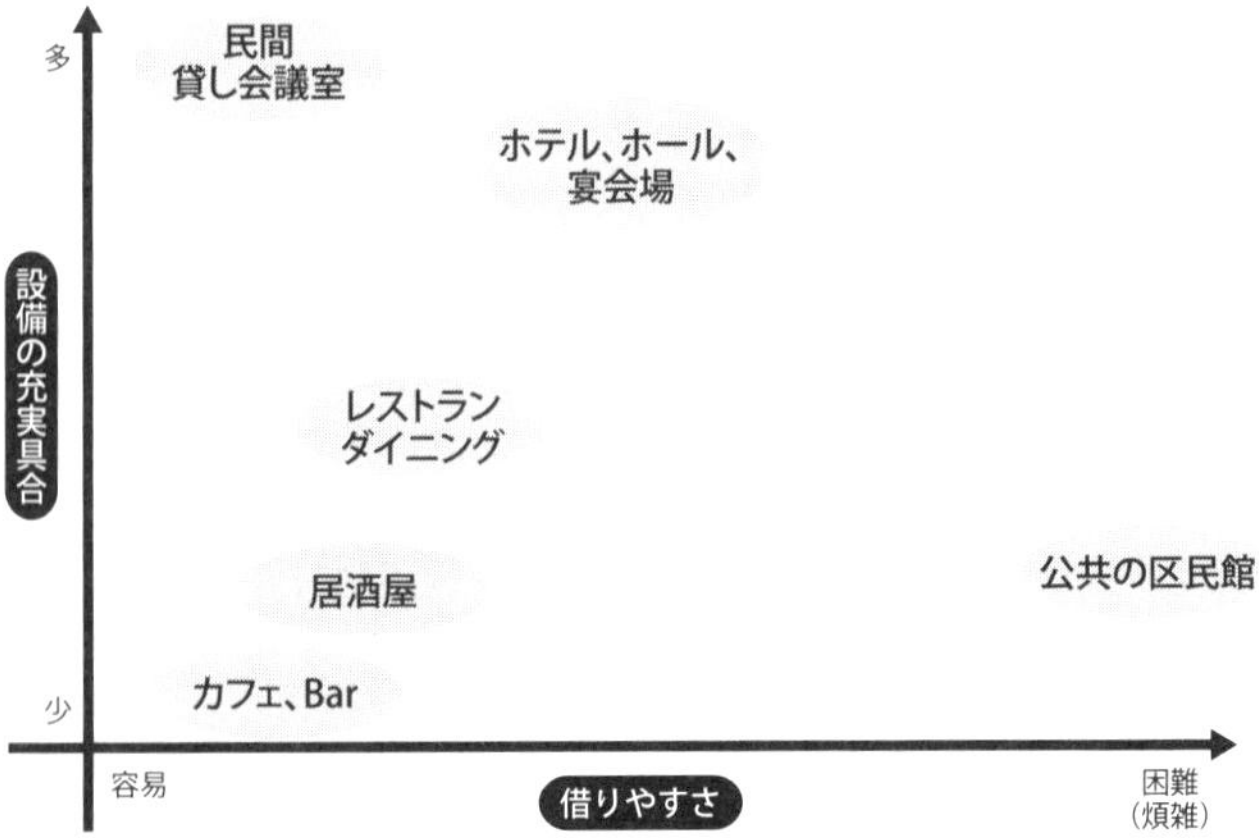

形式も、アルコールやソフトドリンク、食事等を着席、立席で提供するもの、まったく飲食物を提供しないもの、会費にそれら飲食物代が含まれているもの、別料金になるものなど、さまざまです。

その他、勉強会やセミナー、講演会などがあげられます。こちらは得た知識やノウハウをビジネスに役立てる、または個人の資格取得やスキルアップのための勉強を目的に開催されるものです。

たとえば行政書士、中小企業診断士、社会保険労務士、公認会計士などの士業の資格取得の勉強会、NLPやコーチングなどのコミュニケーションスキルや自

会場キャンセルの難易度と使用料金

提供物と参加者満足度

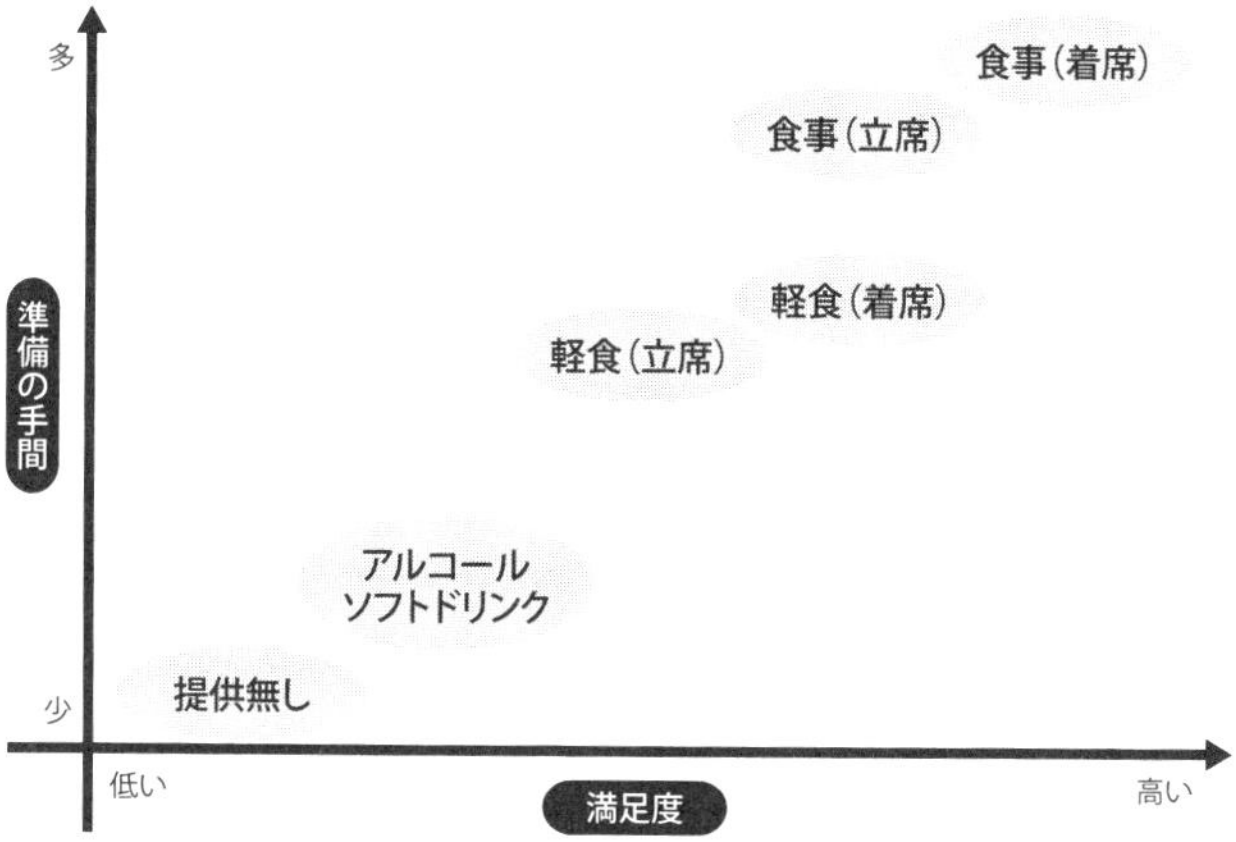

イベントはこうして育てよう

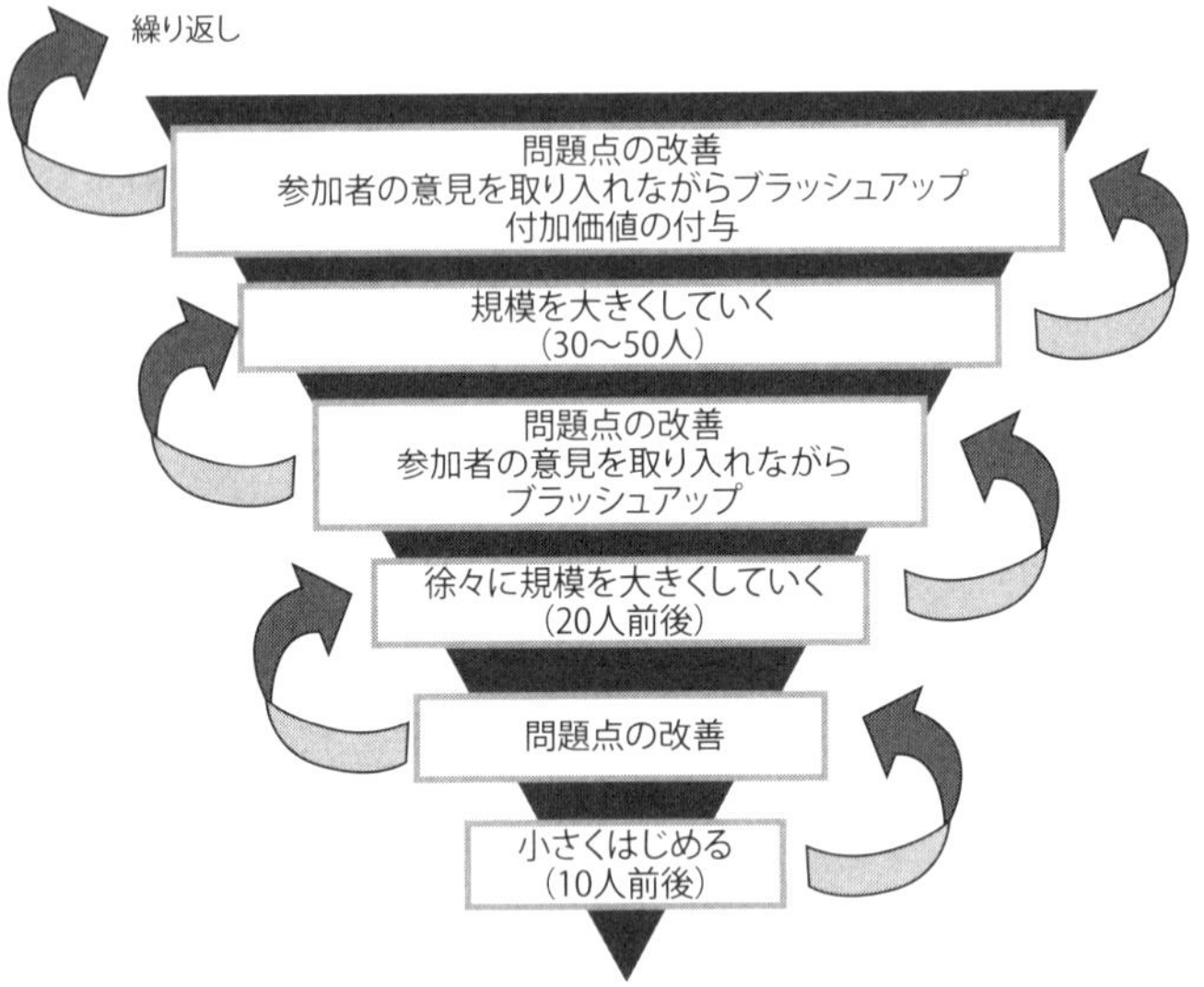

己啓発の勉強をする会、起業を目的とした勉強会、さらに資産運用法の勉強会などがあります。

形式も、自分自身が講師や司会者として前に立つパターンの他に、ゲスト講師や協力者にお願いして、そういった方をメイン講師として招いて会を企画することもできます。

初めてイベントをされる人であれば、交流会なら20名、勉強会やセミナーなら、まずは10名程度を目標にして開催すると、規模が大きくなり過ぎず、手軽にはじめることができます。

私が、初めて主催したイベントは異業種交流会でしたが、スタートはわずか10名でした。それが、会を重ねるごとに15名、20名と参加者が増えていき、最終的には25名の店のキャパシティをオーバーし、キャンセル待ちが出るほどになりました。

最初は、小さくはじめて運営の実績を積み、参加者の意見を取り入れながら、イベントの質を上げていき、ブラッシュアップして、徐々に大きくしていくのが自然なやり方です。

最初から大きく開催しようとしないこと――これが、失敗を最小限に抑えるコツと言っていいでしょう。

02

自主開催することによって得られるメリット

交流会を自主開催することによって得られる最大のメリットは、やはり「多くの人との出会い」と言っていいでしょう。

私の場合は、それが人脈形成や顧客創造、ビジネスパートナーの獲得、お金をかけないリクルート活動、情報収集、副収入の獲得、本業の売上げの増加、さらに書籍の出版などにつながりました。

今あげたノウハウについては、後でくわしくお話しします。

現在私は、東京都中央区日本橋兜町で「ありがto Cafe&Bar」(http://www.arigato-cb.com)という店を、一般社団法人日本元気丸とのコラボレーションで運営していますが、それも交流会に参加してくれた人のご紹介からはじまった事業です。

次に、交流会やセミナー、勉強会などの開催によって得られる利益についてです。

私は現在、飲食店の運営、コンサルティング交流会やセミナーなどを企画運営する会社を営んでいますが、本書を読まれている方の中には、会社にお勤めの方もいらっしゃ

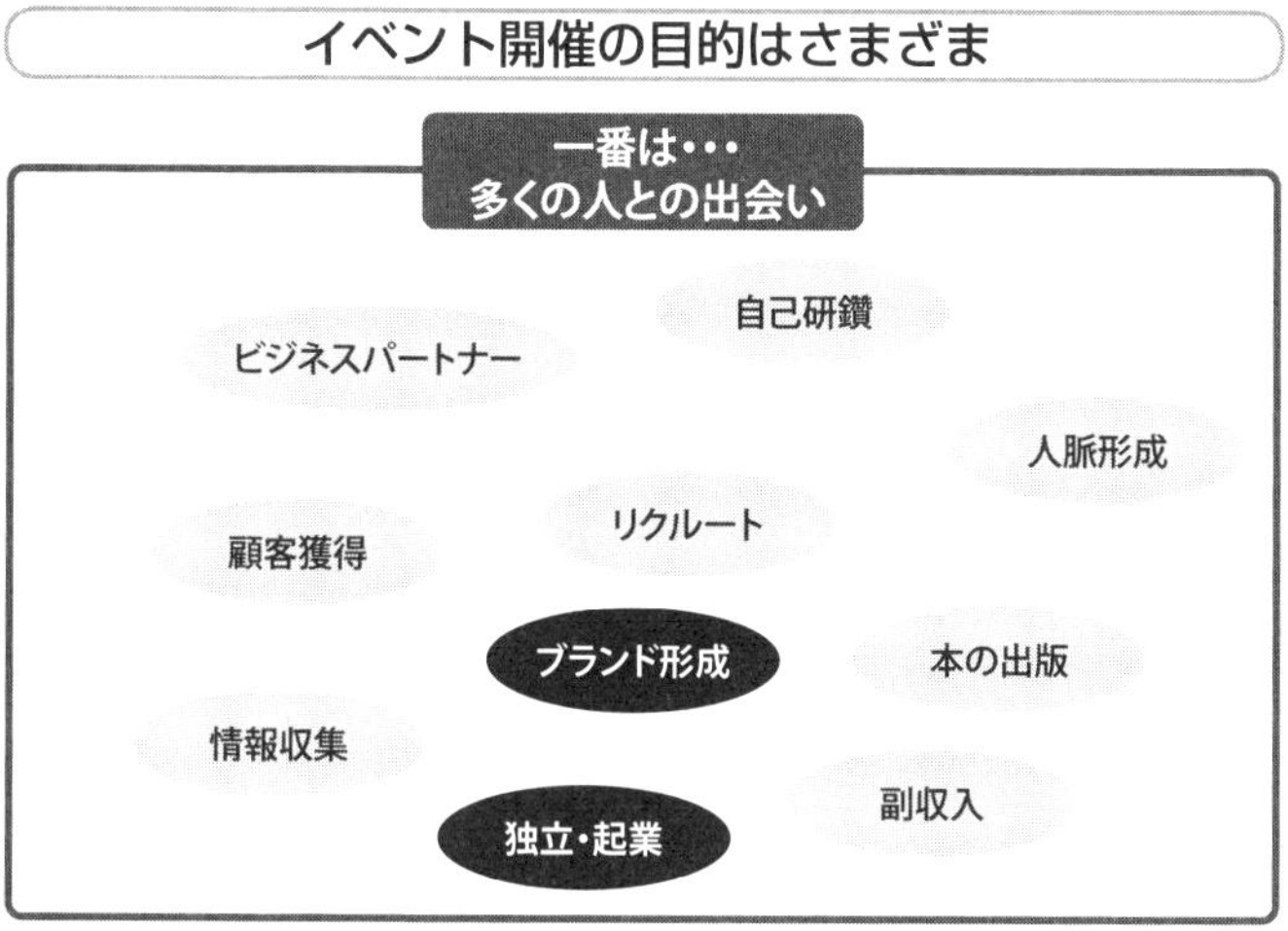

ることでしょう。

そして、現状の収入を少しでも増やしたいと思って、本書を手に取ってくださった方もいることでしょう。

プロローグでも述べたように、交流会や勉強会の企画運営は〝初期投資０〟で行なうことも可能で、本業をしながら空いている時間に気軽にはじめることもできます。最初は、趣味ではじめたオフ会を、月に何度も開催することで月収１００万円を達成し、個人事業主として活躍している主催者もいます。

また、とある知人の人気セミナー講師は、自分でセミナーを企画・主催し、講師も自分自身で行ない、年収3000万円を得ています。しかも、原価は0円です。

起業する、企業として成り立たせていく、そこまではいかなくても、副収入として月に3万円から5万円を稼ぐことは、それほど難しいことではありません。

良質な出会いがある場を創造することや、自分自身やゲスト講師が持っている知識やノウハウを参加者に提供し、その方々のお役に立って感謝され、その対価として利益が得られるなら、こんなに楽しいことはないでしょう。

振り返ると、私自身は交流会やセミナー勉強会など、各種イベントを開催するようになって、2012年現在で5年目となりますが、私にとって一番大きなメリットは、前述したような〝数多くの人々との出会い〟です。そこでは、さまざまな人との出会いがあり、人間関係ができていく中で、ビジネスに結びついたことも少なくありませんでした。

交流会での出会いから、世に広めたい知識やスキルを持っている講師の方とセミナー

儲けに走り過ぎると質が低下する

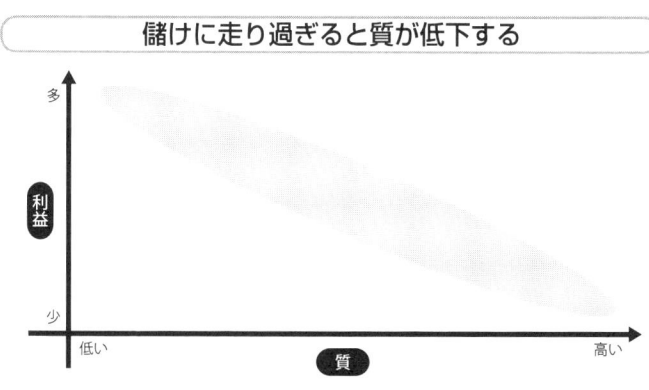

必要以上の利益の追求は、イベントの質を低下させる

を共催したり、飲食店の運営やコンサルティングにつなげたり、参加者同士で会社を設立した、というお話もうかがいました。さらに、かけがえのない仲間や、私や私の会社を応援してくださる方との出会いもありました。

　本書を執筆するに至ったのも、セミナーを開催して情報発信し続けてきたからです。

　しかし、ここでひとつ注意していただきたいのが、最初からお金儲けに走り過ぎないことです。主催者がそろばんをはじき過ぎると、それは参加者の方から簡単に見透かされてしまうことになります。

　利益を出さない交流会やセミナーでは、長

く継続していくことはできませんが、まずは参加してくれた人にとって、絶対的にすばらしい内容を提供することが必要です。人間関係をつくっていくための良質な出会いの場を提供する、そして参加してくれた人の役に立つ知識やスキルを提供することで喜んでいただく、ということに最大限の力を注ぐようにしてください。

そのように、よい勉強会や交流会にしていく努力をすることが成功の第一歩と言っていいでしょう。

03

人脈形成をしたいなら、主催者になろう

営業職の方やご自身でビジネスを展開されている方、さらにこれから起業や転職をしようと考えている方は、人脈づくりのために交流会やセミナーに出かけることがあると思いますが、人脈をつくるためには、自分自身が主催者になるのが一番手っ取り早い方法なのです。

なぜかと言うと、主催者になることは、一参加者として参加するよりも、爆発的に人脈が広がるからです。なぜならそれは、勉強会や交流会などを開催するたびに、主催者の元にはすべての参加者のデータが集まるからです。

たとえば、月1回、20名規模の交流会を1年間開催するとしたら、単純計算で２４０名の方が参加することになります。もちろん、何度も参加される方もいるため、少なく見積もってもその半分、１２０名の方との出会いがあるという計算になります。

主催者になれば、出会いの数は“未知数”

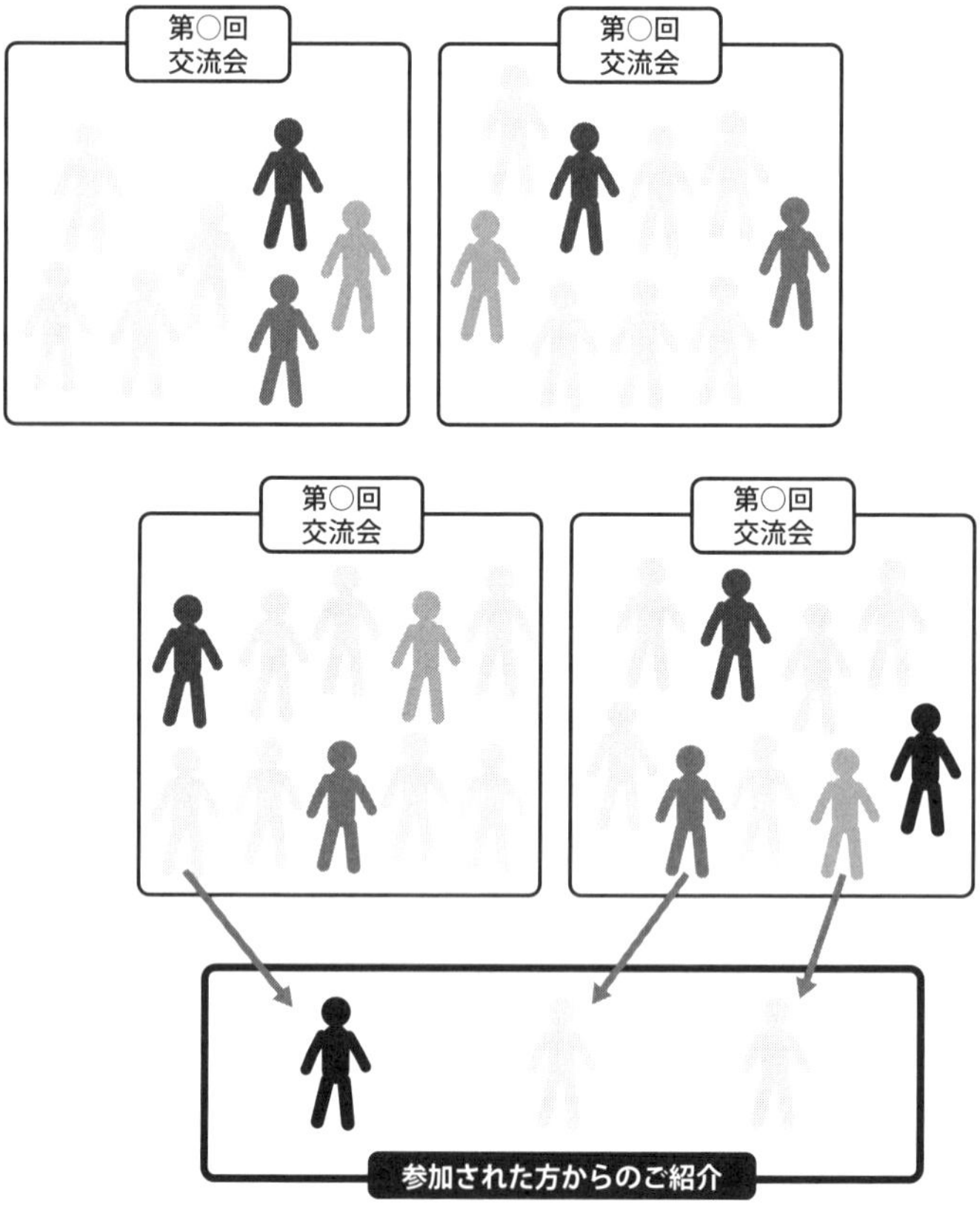

月20名の交流会×12ヶ月=240名
仮に半分がリピーターの場合=120名+参加された方からのご紹介

そして、参加された方からのご紹介で、さらにご縁がつながる場合もあります。そのため、**出会いの数は〝未知数〟**と言っていいでしょう。

そのうえ、主催者ということで、参加していただいた方にも名前と顔を覚えていただくことができる、というメリットもあります。

交流会やパーティーに、たとえ100〜200名の人が参加していても、2時間や3時間という限られた時間の中で、直接お話しできる人数には限りがあります。いくら、たくさんの人と話せたという方でも、せいぜい20〜30名が限度でしょう。

たとえば、2時間の交流会の中で20名の人と名刺交換をしたとしても、1人の方と話す時間はたったの6分しかありません。その中で、自分のことを覚えていただくことは至難の業です。しかも、その場で覚えてもらうことができなければ、後々の関係性を築くことはできません。

ところが主催者なら、最初の挨拶だけで覚えていただくことができます。

また主催者は、参加者の方の性別や年齢など、自分が出会いたい人の属性を絞って選ぶことができます。

私が考える、よい勉強会や交流会のポイントのひとつは、参加者の方にとっても主催者にとっても有意義である、ということです。有意義とは、双方にメリットがあるということです。

たとえば、私が参加した会で「これはあまりよくない交流会だなあ」と感じた例をお話しします。その交流会は、保険の営業マンとネットワークビジネスの方と士業の方しか参加していませんでした。

そういった方々の仕事が悪いということではありませんが、彼らに共通して言えることは、〝売りたい人〟の集まり、ということです。

私は、セミナーやイベントの企画運営や飲食店の運営をしていますから、講師になってくれる人や、私のセミナーやイベントに興味を持ってくださる方との出会いは、私にとってのメリットです。

ところが、その場にいたのは、自分の商品やサービスの売り込みに熱心な人ばかりだったのです。

職業に関係なく、その人の人柄や性格にもよるかもしれませんが、ビジネスパートナーを見つけたいという目的があって交流会に参加しているのに、こちらを〝お客〟としか見ない人ばかりではプラスにはなりません。

このような場合も、主催者ならイベントの参加ルールやコンセプトを設定することで、会の目的や趣旨に合わせた属性の人を、募集の段階でフィルターにかけて振り分けることができるのです。

ですから私は、**人脈をつくりたいと思って交流会やセミナーに参加する人には、主催者になることをおすすめしています。**

04 主催者になることによって顧客を獲得する

私が、交流会やオフ会を開催しようと思ったきっかけは、場所の有効活用と当時の本業（飲食店）での新規顧客の獲得による客数と売上げの増加を図るためでした。さらに、新たな事業計画としてセミナー業があったため、交流会に来られる方は、セミナーにも興味がある方が多いのではないか、という推測からでした。

私が営んでいたバーは、銀座7丁目という激戦区にあり、食事も出さないのに客単価が1万円以上という高単価な店でした。しかも路面店ではなく、商業ビルの2Fでした。さらに、女性のバーテンダーだけで運営していたため、氏素性のわからないお客様を入れたくないということもあり、何の店で料金はどれくらいなのか、入口や店名などもあえてわかりづらくしました。

ですから、基本的には自分がバーを開店する前に働いていた店のお客様か、そのお客様からのご紹介の方が店の顧客でした。

そもそも、銀座7丁目のビルの2Fという立地では、飛び込みでやってくる方はほとんどいません。

まずは、自分の店を知ってもらうことが経営の前提でした。実際に飲んでいただいて、どんなメニューを取り揃えているのか、どれくらいの料金なのか、どんなスタッフがいてサービスはどの程度のレベルなのかを知っていただいたうえで、店を気に入ってもらうことで、リピーターになっていただける可能性が生まれます。

ですから、過去の私と同じように、飲食店の店長やオーナーが交流会を主催することは、さまざまな面から適していると言っていいでしょう。

また、保険や個人向けの金融商品など、一般的に売りづらいと言われている商品やサービスなどを売っている営業マンの方も、交流会や勉強会の主催者として向いていると言えます。

ただし、〝売りたい〟気持ちを前面に出し過ぎないように気をつけましょう。

飲食店の店長やオーナーが交流会を主催するメリット

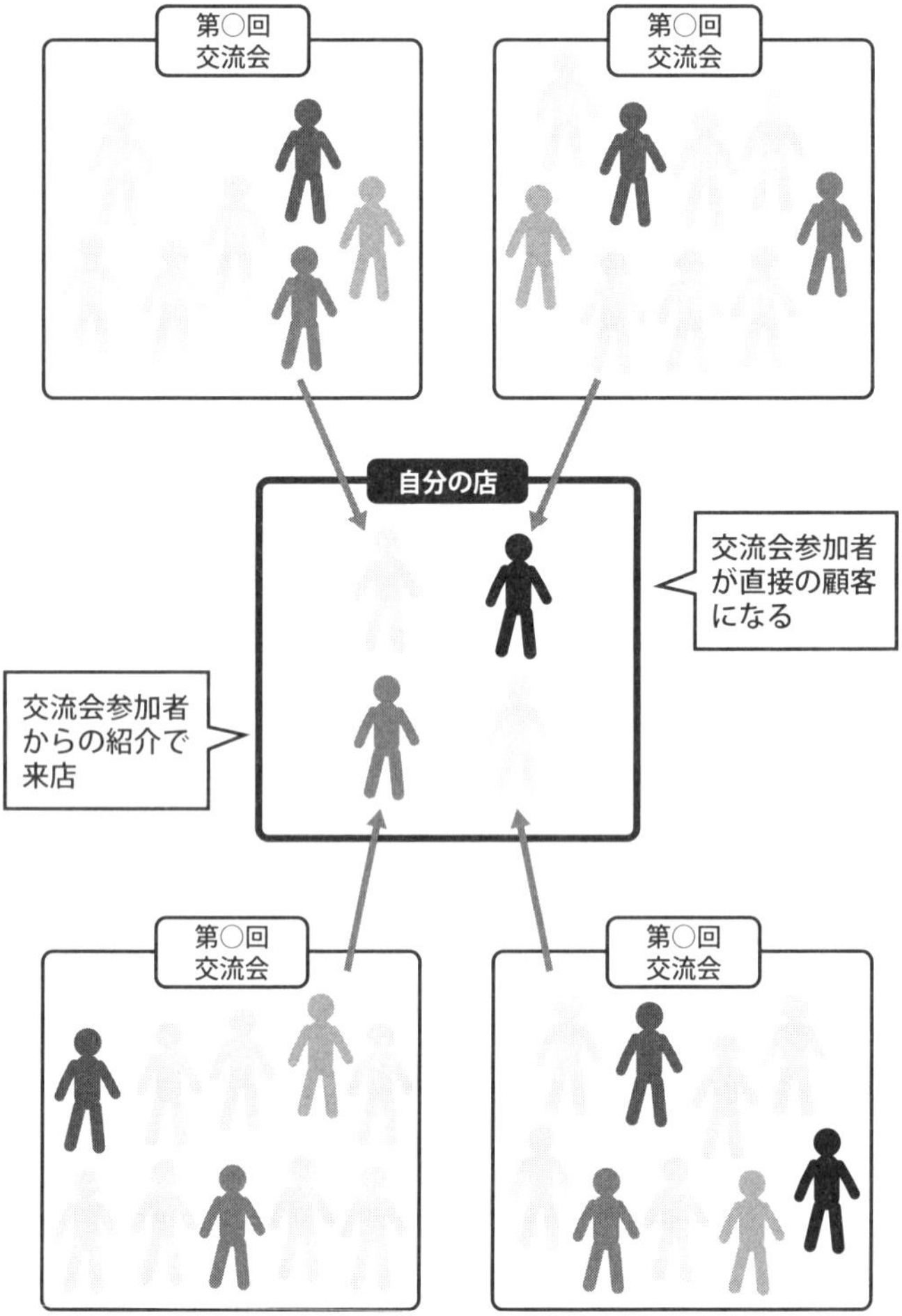

このような高額商品は、〝売りつけられる〟というイメージばかりが先行し、しかも形がないものであるため、とても売りづらいのです。しかし、交流会や勉強会を主催することで、商品に興味がある人だけに販売することが可能になります。有益な情報を発信することが顧客獲得のポイントです。

私が知っている、ある保険の営業マンは、まったく営業をすることなくトップの成績を誇っています。彼は、定期的に交流会を開催することで、顧客のアフターケアを行ない、見込み客のリストを作っています。

一度保険に加入すると、事故やケガのときか、結婚や子どもの誕生など、ライフスタイルの変化による保険の見直しのときくらいしか、顧客と会う機会はありません。そこで、定期的に交流会を開催することで、お客様と会う回数を増やしているのです。

心理学で言う、「ザイオンス効果」というものをごぞんじでしょうか。これは、「人は、接触回数が多いほど、相手に対して好意的になる」という、心理学者ザイオンス氏の研究結果のひとつですが、その営業マンは交流会をすることによって、顧客との親近感を作り、新たなご紹介をいただいたり、自分の顧客同士の縁を取り持つことによって、お客様の満足度を高めていました。

また、ある営業マンは、「賢い保険の選び方」というテーマで勉強会を開催し、見込み客を集めていました。その後、保険の加入を考えている人や見直しをしてもらいたい人だけを個別にコンサルティングし、新たな顧客を獲得することに成功していました。

さらに、海外の個人向けの金融商品を扱っているある営業マンは、勉強会を開催することで、参加者の6割が商品を購入することもあったということです。

その内容は、日本と世界の経済や財政、税制の違いや社会保障制度などを説明し、なぜその金融商品が優れているのか、どうして今後必要になっていくのかを参加者にしっかりと理解をしてもらう、というものでした。

商品をただ売りつけるのではなく、商品の特性を理解してもらったり、営業マンである自分自身の人柄をじっくりと知ってもらうことで信頼を得ることが、勉強会や交流会の主催者には可能になるのです。

05 飲食店の〝アイドルタイム〟を活用しよう

飲食店には、アイドルタイム（生産施設が稼働せず、労働力が空費されている暇な時間帯）が存在します。それは、多くの人がだいたい同じくらいの時間に食事をし、同じような時間に帰っていくからです。

店のキャパシティは、仮に20名収容できる店だったら、2、3人は補助椅子を使って詰め込むことができても、20名を40名収容にすることは不可能です。

また、飲食店は営業している時間が長くても短くても、お客様がいてもいなくても、月々払う家賃は同じです。スタッフの人件費も、店が暇だからと言って時給を安くできるわけではありません。

あなたも、居酒屋やバーなどで、こんな看板やチラシを見たことはないでしょうか。

・17〜19時　ハッピーアワー　ドリンク全品50％ＯＦＦ

・19時までに入店していただいたお客様へおつまみ1品サービス
・19時まで！　ビール&お刺身などの晩酌セット　980円

これは、アイドルタイムにお客様を誘導するためのサービスの一例です。アイドルタイムにいかに売上げを上げるかによって、1日の売上げが大幅に変わってくるからです。だとしたら、オーナーは空いている時間を、赤字覚悟でも活用したほうが得策と言えます。

交流会を開催して、ふだんより安い客単価（ちなみに、以前銀座で経営していた私の店で言えば、交流会の参加費は、ふだんの客単価の約3分の1程度）だったとしても、そこに来ていただいた参加者が、自分の店のお客様になる可能性があります。

そして飲食店は、多くの場合、ぐるなびやホットペッパーといった広告媒体に、かなりのお金を使って広告を掲載しています。

しかし、そういった広告媒体では、飲食代の割引やドリンクやデザートなどのサービスクーポンといったお得感がないとお客様は利用しません。

そもそも、そういった広告媒体は、合コンや飲み会の開催など、ある程度まとまった人数のお客様が、お得に飲食できる店を探すために活用しています。

そのため、安売りをしなければ、なかなか費用対効果は出しにくいのです。

飲食店のオーナーにしてみれば、交流会の参加費が、たとえふだんより安い客単価だったとしても、多少の割引分は広告費だと考えて交流会を開催したほうが、メリットが多いはずです。

飲食店のオーナーが交流会を開催するメリットは、それ以外に、交流会という切り口で、ぐるなびやホットペッパー以外の媒体に広告を出すことが可能になる、ということです。3章と6章でもご紹介しますが、イベントフォースやセミナーズなど、交流会や勉強会の告知サイトに、自分の店の広告が掲載できるわけです。

交流会や勉強会の主催者になろうと考えている方にとっては、このような飲食店オーナーのメリットを知っていると、会場費の交渉材料になります。

ひと口に飲食店と言っても、バーやカフェ、居酒屋など、さまざまな店がありますが、食事がメインの店だと、19～21時がピークタイムで、21時以降はお客様の足が鈍ります。また、お酒がメインの店だと、21時から終電までがピークタイムで、逆に19～21時はアイドルタイムとなります。また、曜日や地域性によってもアイドルタイムは変動します。

一概には言えませんが、東京の場合だと、渋谷や新宿など、若い人が集まる街だと、独身で土日は休みという人が多いという傾向があります。とすると、金曜日や土曜日は店が忙しいと予測されるため、会場費のコストダウン交渉はしにくいと言えます。

それに比べて、銀座や赤坂はもう少し年齢層が上がり、既婚の人が多く、会社帰りに飲む人が多いと考えられるため、土曜日の夜はそれほど忙しくないと予測することができるため、**会場費のコストダウン交渉がしやすい**と言えます。

また、夜の営業がメインの店なら、昼間は空いていることになり、格安で使える場合があります。また、店の定休日を格安の価格で使わせてもらえる可能性もあります。

それ以外の要素としては時期も関係します。飲食店は12月が繁忙期ですから、その時期は空きがないため、コストダウンが難しくなります。

逆に、一気に客数が減る1月や2月は、お付き合いのある会場（店）から、破格値でもいいから使ってほしいという依頼がくることも珍しくありません。

また飲食店だけに限らず、セミナールームにも閑散期はあります。たとえば、12月は年末のため、セミナーをする主催者が少なくなるようで、会員になっているセミナー会場から、ディスカウントクーポンが送られてくることがあります。

このように、時間・曜日・時期・地域など、いろいろな要素を考慮して、いつがアイドルタイムかを考えてみましょう。アイドルタイムの有効活用は、店側にとってはありがたい話なので、快くコストダウンに応じてくれる可能性が高くなります。

06

参加者があなたのビジネスパートナーに

私が、これまで開催してきたセミナーは、ネットビジネスやスマートフォン活用法、SNS活用法、ビジネスマナーや出版ノウハウ、資産運用やライフプランなど、多岐にわたります。

また、著名な経営者や、本を書いている人や大学の教授などをお招きし、講演会を開催したこともあります。

さらにパーティーでも、占いやカウンセラー、ヘア・メイク、ネイル、マッサージやアロマテラピーなどの専門的な知識や技術を持つ方たちにブースを出展していただくなど、とても1人ではできないことを、多くの人に助けられながらイベントを開催しています。

よく人から、「安井さんは、講師の方たちやいろいろな専門知識や技術を持った方と、どこで出会うのですか？」と質問されることがありますが、私は実は講師探しに困ったことがないのです。そういった方たちとの出会いは、ずっと交流会やセミナーを開催し続けていたおかげで、こちらからわざわざ探さなくても出会うことができたからです。

もともと、私が開催するセミナーの受講生の方が、講師として登壇してくださる場合もあるし、交流会で出会った方たちが講師を紹介してくださる場合もあります。また、交流会に参加してくださった方が、たまたま専門技術や知識を持っていた、ということもありました。また弊社のスタッフも、もともとは交流会の参加者の1人でした。

勉強会や交流会を開催すると、人との出会いが増えます。その中には、未来のビジネスパートナーになる方たちもいるのです。

また、こんなこともありました。

私が過去主催していた交流会で、参加資格を経営者の方、あるいはこれから起業しようとしている方に限定した、経営者交流会を企画しました。

そこに参加してくださった方同士で、実際に起業した方もいらっしゃいました。すでに会社を経営されていた2人の社長と、その当時は会社員だった方が意気投合し、新しく会社を興すことになったのです。その3人の方は、今では新しい事業を立ち上げ、順調に忙しく過ごされているようです。

また、私が主催したパーティーで、ビジネスパートナーではなく人生のパートナーとの出会いがあった人もいます。ゴールイン間近と聞いていますが、まさに人生を左右する素敵な出会いの場を提供できたことを、主催者として喜ばしく思っています。

07 お金をかけずにリクルート

２００６年のあるデータによると、企業では新卒を１人採用するのに、平均で38万５１１１円という経費を使っているということです。

このように、採用にはお金がかかります。しかし、あなたの勉強会や交流会に参加した方が、あなたの会社のスタッフになるということもあり得るのです。しかも、一緒に勉強会に参加することで、主催者の考え方の共有もできます。

また交流会では、面接という緊張する場とは違っていて、その人のふだんのコミュニケーション能力を見ることができます。

余談ですが、私は銀座でバーを経営しているときも、求人広告を出したことがほとんどありません。

では、どこでスタッフを見つけたかというと、当時は交流会を開催していなかったので、ＳＮＳで募集をしました。

しかも、あえて時給や休日、勤務時間などを書かず、店のコンセプトやどういった人を募集しているかという、自分の想いだけを書いて募集したのです。

これには理由があって、勤務条件を書くと、その条件だけで働く場所を決めるという人が大多数だと考えたからです。時給で選ぶ人や勤務時間で選ぶ人は、もっと条件がいいところがあれば、そちらに目を奪われます。

私の場合、銀座のバーの経営が初めての事業で、今後の私自身のビジネスの明暗を分ける大事な立ち上げだったため、苦楽をともにでき、私の想いに共感してくれるスタッフと出会いたかったのです。

そのため、採用の際にはSNSで募集告知を見て連絡をくれた一人ひとりと実際に会って食事をし、人となりをじっくり見てから決めました。しかしそのおかげで、開店というハードな状況で、本当によくがんばってくれるスタッフと出会うことができました。

今、私の交流会やセミナー運営を手伝ってくれているスタッフや、私が現在運営しているありがtoＣａｆｅ＆Ｂａｒのスタッフも同じです。私がどのような想いで交流会やセミナーを開催しているのか、元参加者だったのでよく知っているため、私自身もとても仕事がしやすいし、スタッフも楽しんで仕事をしてくれているようです。

私は、よい組織の形は、リーダーとなるトップの想いがスタッフと共有できていることと、働く人たちが自主的に楽しく仕事ができることだと考えています。

主催者がすばらしい目的や夢を持って、勉強会や交流会を懸命に運営している姿を見て、そこに何かを感じて「私も手伝いますよ！」と言ってくれた人とは、きっといい仕事ができるはずです。

交流会や勉強会で出会った人をリクルートすると、求人広告費を払わなくてもすむうえ、こんなメリットもあるのです。

08

人が集まるところには情報も集まる

もし、何らかの情報を得たいとき、あなたならどうするでしょうか？　ネットを見ますか？　それとも、本で調べるでしょうか？

しかし実は、リアルな人間関係の中でしか取り交わされない情報というものもあるのです。

たとえば、「不動産売買」などがそうです。優良物件は、人間関係があるところに、まず流れていきます。

私が、銀座でバーを経営しようと思ったのは２００７年のことです。リーマンショック前で景気がよかったため、銀座の家賃は値上がりし続けていました。

そもそも、空き物件がないうえに、保証金や礼金なども高く、さらに、前の賃貸借人へ造作譲渡代（店舗の内装や家具備品など）として、何百万円も支払わなければならないような状態でした。

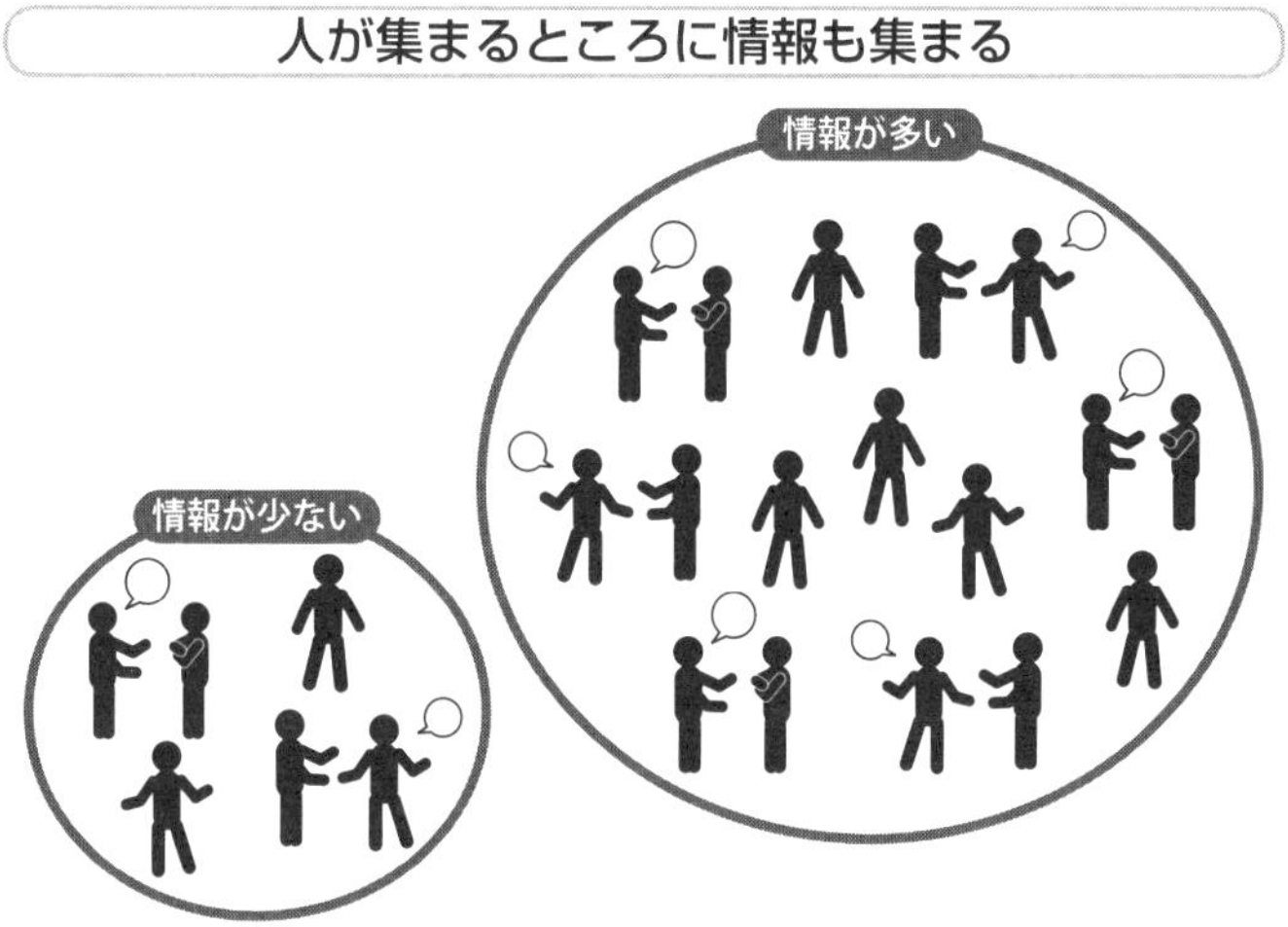

今（2012年現在）では、ちょっと考えられないような状況で、空きがある物件はビル自体も古く、きれいなところは恐ろしく坪単価が高いのです。逆にほどほどの条件の物件は、自分がやりたいと思っていた坪数に満たないところばかりで、100軒ほどの物件を見ましたが、条件に叶うものはありませんでした。

また、誰の紹介もない、26才のこれから起業しようという女性が、飛び込みで不動産屋に行ったところで、不動産業者は物件すら出してくれないのです。

結局、ある方の口添えで行った不動産業者が、一度決まりかけた契約が賃貸借人の都合で破棄になった、まだ表に出ていない物件を紹介してくれました。口添えをしてくれた、その方の紹介がなければ、私はバーを出店することはできなかったでしょう。

私がこの体験から学んだことは、**〝人間関係がないところにはよい情報は来ない〟**ということでした。交流会を開催していて見ていると、これと同じように、人が集まるところには情報も集まり、「ここだけの話」というのが実際ある、ということです。

本には書けなかったここだけの話、というのも、本の著者の方からよくお聞きすることがあります。秘匿性の高い情報や、人間関係の絡みなどで活字にできなかった事実などです。

またセミナーでも、「セミナーだから言えること」というものもあります。

ネットや本などでは、情報は手軽に広く集めることができますが、深いところを知ることはできません。ですから、もし得たい情報があるときは、人が集まるところに出かけて行くと、案外簡単に見つかるかもしれません。

09

人は、人と会うことで研鑽される

交流会やセミナーなどを開催していて思うことは、**「人は、人に会うことによって磨かれていく」**ということです。

もし外出するなら、当然身なりにも気を遣わなければならないし、会話の話材を豊富にするためには、本を読んだりニュースに関心を持つことも必要です。

また、人と会って会話をすることによって、相手の何気ないひと言からアイデアが浮かんだり、自分自身が励まされたり、モチベーションが上がることもあります。

さらに、勉強会や交流会に出かけることで、ふだん仕事をしているだけではとうてい出会うことができなかった人と出会える可能性だってあります。そういった、異業種の方の話からは、とても大きな刺激を受けます。

私が毎週1回、ありがtoＣａｆｅ＆Ｂａｒで主催する、お酒を楽しみながら少人数異業種交流会にはメリットがいっぱい！

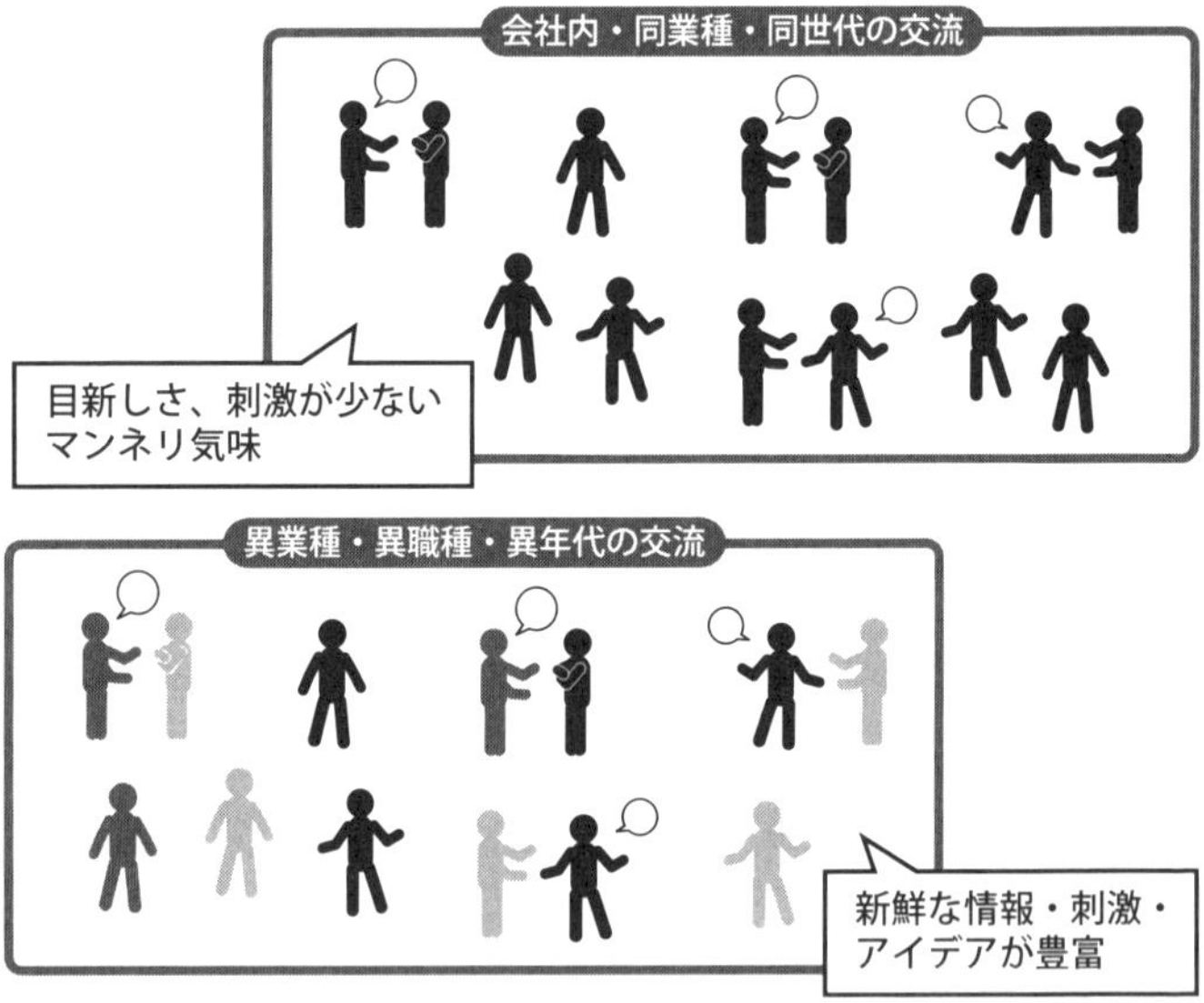

で交流をするというコンセプトの交流会は、15〜20名と小規模なものですが、２０１２年８月には、１００回を迎えようとしています。

毎回さまざまな業種・職種、そして幅広い年齢層の方が参加されます。20代前半の学生の隣で、50代の会社経営者が学生の質問に答えながら、お互いに楽しそうにお酒を飲んでいる、という光景も珍しくありません。

あるいは、転職を考えている、起業を考えているという方が、転職を考えている転職先の業界の方や、すでに起業している経営者の方に、自分の悩みや不安を話したり、アドバイスをもらっていることもあります。

人と人が出会う交流会や勉強会だからこそ、ある業界で働く方の生の声が聞けるというメリットがあります。そして、アウトプット（人に話すことや教えること）によって、自らの学びが、よりいっそう深まる、ということもあります。

これらは、勉強会や交流会に出かけ、実際に人に出会うことによって得られるメリットなのです。

2章

イベントをはじめる前に

It opens.

01 誰に、何を提供するのか？

まず、イベントを誰に提供するのか。その「誰」を、できるだけ細かく考えていくことが、イベントの成功につながります。

イベントに参加される方は、男性なのか女性なのか、年齢は何歳くらいで、どのような職業の方なのか。また、収入はどれくらいなのか、そしてそういった人たちはふだん、どんな生活をしているのか。

このように、参加者像を明確に思い描くほど、それらの方々の細かいニーズに合わせた、より専門性の高いイベントを企画することができます。多種多様な交流会や勉強会が、毎日どこかで行なわれている昨今、なるべく具体的で、かつ専門性が感じられるもののほうが人目を惹くはずです。

そして、その「誰」について、リアルに思い描くことができていないと、企画の日程

誰に、何を提供するのかを明確にしよう

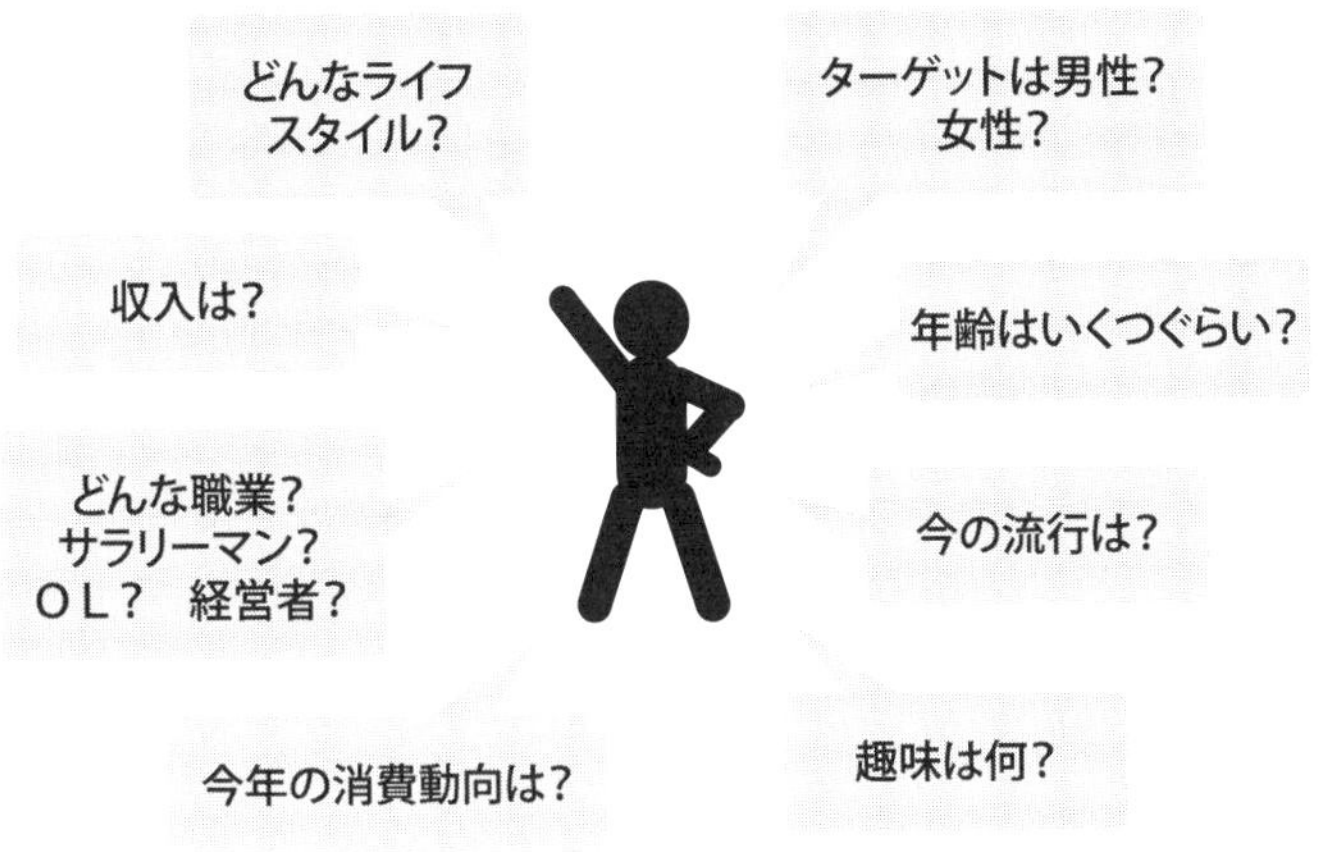
どんなライフ
スタイル？
ターゲットは男性？
女性？
収入は？
年齢はいくつぐらい？
どんな職業？
サラリーマン？
ＯＬ？　経営者？
今の流行は？
今年の消費動向は？
趣味は何？

設定や内容（コンテンツ）を決めることが難しくなります。

たとえば、一般企業に勤めているビジネスマンやＯＬ向けにイベントや勉強会を開催しようと思っているのに、平日の昼間の開催だと、そのような対象者は参加することすら難しいでしょう。

そういった方向けにイベントや勉強会を開催しようと考えるのであれば、勉強会なら平日の夜の19時以降、お酒が入るパーティーやオフ会などであれば、金曜日や土曜日の夜、祝日の前など、会社が休みの前日が参加しやすいことは、言うまでもありません。

こういった日程設定にしても、ターゲットが明確になっていないと、〝見当はずれ〟なものになってしまいます。

また、会場の選定にしても同じです。参加する人たちにとって、来やすい場所なのかどうか。サラリーマンやOLに向けて開催するのに、住宅街での開催では不便でしょう。さらに、たとえば女性向けの勉強会やセミナーであれば、会場のトイレがきれいでたくさんあったほうがいい、といったことなどは、ターゲットが明確だからこそ浮かんでくる〝選択基準〟です。

さらに、勉強会でのコンテンツをつくる際にも、ターゲットを明確にしておくことは必要です。参加者の共感や理解を深めるには、事例がたくさんあったほうがいいのですが、事例も、ターゲットに合わせたもののほうが、より参加者の共感や理解を深めることができます。

02 ミッションと目的、目標を明確にしよう

目標とは数値化できるもので、何のために交流会やセミナー勉強会を行なうのか、といった、数値化できないものが目的やミッションです。

私は、イベントを開催したいという方からのご相談に乗ることも多いのですが、イベントの開催自体が目的（ゴール）になってしまっている方が少なくありません。

それよりも、イベントを開催することによって、参加者の方にどんな価値を提供し、あなた（主催者）はどうなりたいのか、そして何を得たいのか――これらが、まず最初に決めなければならないことです。

ひと口に勉強会や交流会を主催すると言っても、主催者によって目的はさまざまです。社会貢献としてイベントを開催するのか、副収入を得たいのか、そこから顧客を獲得したいのか、それとも、自分自身が学んだことのアウトプットの場がほしいのか。

そして、最も重要なのが、参加してくれる方たちにどのような価値を提供するか、というミッションの部分です。これは想いや理念です。

ミッションや目的を設定しよう

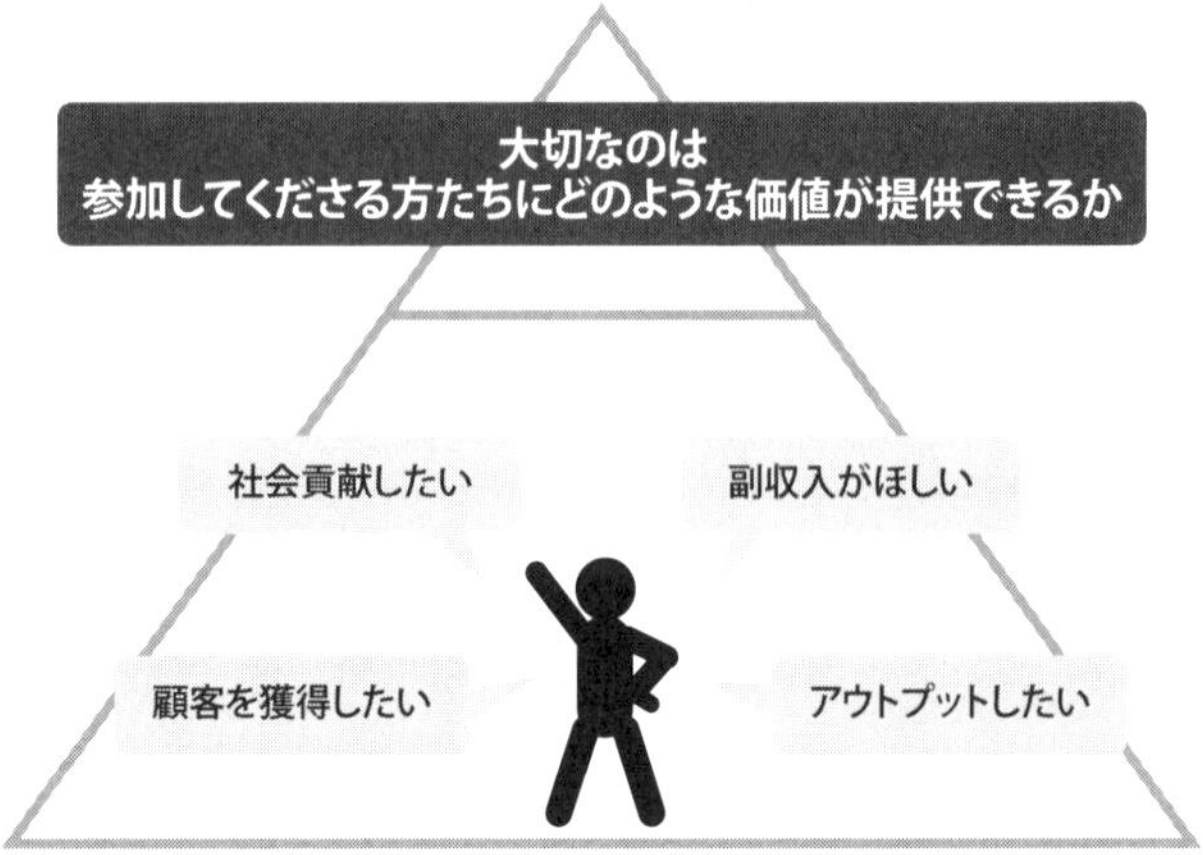
大切なのは
参加してくださる方たちにどのような価値が提供できるか
社会貢献したい
副収入がほしい
顧客を獲得したい
アウトプットしたい

たとえば私なら、交流会やセミナーを開催する目的は、出会い（人・思想・知識）によって人生は180度変わる、だから人生のよりよい変化のきっかけとなる気づきの場を提供したい、という想いがあります。

それが、イベントを主催するとき、ゲストとしてお話ししていただく講師を選ぶ指針のひとつとなっているし、ハウスルール（後ほど説明）の設定にもつながっています。

イベントを開催することによる、顧客の獲得や売上げの増加などのメリットを1章でご説明しましたが、私は、**人の役**

に立ちたい、喜ばれるものをつくりたい、という想いがベースになければ、イベントの成功はあり得ないと考えています。

こうしたミッションや目的が決まったら、次に数値化できることを目標として設定します。数値化できることとは、イベントでの売上げや参加人数などのことです。

自分の目的と参加者のためのミッション、そして数値化された売上げや集客数といった目標――この3つが揃って、イベント開催のスタートに立つことができるのです。

03 ニーズの炙り出しを行なう

このようにして、誰（ターゲット）に何を提供するのか、ミッションや目的、数値化された目標などが明確になったら、次はニーズの炙り出しを行ないます。これは、そのときによって違うこともあるし、普遍的なテーマもあります。

たとえば、２０１１年初旬は、映画『ソーシャル・ネットワーク』が公開されたこともあって、ＳＮＳのＦａｃｅｂｏｏｋ利用者が一気に増え、大ブームが起こりました。

そこで弊社でも、２０１１年中旬頃、「Ｆａｃｅｂｏｏｋの入門編・使い方」セミナーやスモールビジネス向けマーケティングとして、「Ｆａｃｅｂｏｏｋで売上げを加速させる活用術」セミナーを開催しました。講師には、ＦａｃｅｂｏｏｋやＴｗｉｔｔｅｒなど、ソーシャルメディアを活用した広告プランニングから大手企業のコンサルティング・運営代行など、ソーシャルメディアの企業利用をサポートするサービスを幅広く展開している、株式会社コムニコの代表取締役、林雅之氏を招いて開催しました。SNSへの関心が高まっていたこともあり、多くのお問い合わせをいただきました。

また弊社では、学生向けの就職活動セミナー「188社落ちても内定が得られる就職活動」（講師：高田晃一氏）も開催しました。この講師の方は、大学院新卒で就職活動を行なったものの、失敗に失敗を重ねて、沖縄県以外の46都道府県で188社に落ちた結果、独自の戦略を考えて実行したところ、立て続けに10社から内定を獲得しました。

2011年は、東日本大震災が起こった影響で就職活動が長期化しました。就職活動の長期化は数年前から言われていたことでしたが、2011年は、とくにその傾向が強く出ました。

学生新卒の就職活動は通常、2、3、4月がピークで、ここで6、7割の学生が内定を獲得します。

ところが2011年の場合、一番大きなピークのときに大地震が来たため、ほとんどの会社が「採用どころではない」と即座に採用活動を取り止め、被害からの復旧と通常業務の再開に向かいました。その後、通常業務の再開の目途が立ったところで、ようやく採用活動を再開しました。これが、2011年の7、8月頃のことです。

したがって2011年の夏は、就職活動においてひとつの大きなピークがあり、この余韻は秋になってもまだ続きました。学生の就職活動では通常、秋には募集している会社が少ないためにかなりの苦戦が強いられますが、2011年はこういった事情で、ピークを過ぎても募集している会社の数が、かなり多いという状況でした。

そのため、2011年は就職活動セミナーのニーズがある時期を過ぎても、セミナーにやって来る学生を多く見かけました。

このように、ニーズもそのときどきによって変化していくことがあります。それを敏感にキャッチして企画に活かしていきましょう。

04

「誰が開催しているか」が大事

さて、参加者は何を見て、どんな理由で勉強会や交流会に参加するのでしょうか。

そこには、さまざまな動機があると思いますが、〝主催者が誰なのか〟ということも、参加者が参加を決める理由のひとつになります。


参加者の方との間に信頼関係があれば、「○○さんの主催する交流会やセミナーだから行ってみようか」ということが起こり得るわけです。しかし、そのまた逆も然りです。

では、「○○さんの主催する交流会やセミナーだったら行きます」と言っていただけるような信頼関係をつくっていくには、どうしたらいいのでしょうか。


まずひとつ目は、「会のクオリティを上げてよい場を提供する」ということです。

勉強会だったら、役立つスキルや知識を持って帰っていただく。交流会やパーティーだったら、〝出会いの質を上げる〟ということです。

この〝出会いの質を上げる〟というのは、会いたい人に会えるようにするということで、参加者に前もってどんな方に会いたいのか、どんな方が参加するかを伝えておくことも、会いたい人に会えるようにする方法のひとつです。

他には、提供するフードやドリンクを、少しでもよいものが出せるように努力する、きっちりと分煙をする、しっかりとしたクロークを設置するなど、参加した方が快適かつ不安なく過ごせる会場を選ぶということもポイントとなります。

2つ目は、ハウスルールの設定です。

ハウスルールとは、会を運営していくうえでのルールです。

たとえば、「強引な勧誘やナンパ、セクハラなどの迷惑行為をする人には即刻退場してもらう」といったルールのことです。

私が主催するセミナーや交流会でも、このようなハウスルールとキャンセルポリシーを設定しています。

・キャンセルの場合は、必ずご一報ください。キャンセルの場合、3日前20%、2日前30%、前日50%、当日100%のキャンセル料金が発生いたします。

・過度の勧誘などにより、他の参加者からのクレームがあった場合、今後、弊社主催のイベントへの参加を禁止します。

私が主催するセミナーや交流会でも、過度な勧誘をする方がいて、勧誘が行き過ぎて不快に思う参加者の方がいたため、その後のイベントへの参加をお断りさせていただきました。

お金をいただいている以上、参加者の方は「お客様」ということになるため、毅然とした態度で断るのは難しいかもしれませんが、それをしないと、他の参加者の方が快適に過ごすことができなくなってしまいます。

主催者は、会全体の雰囲気を見て、場の雰囲気を乱す人がいたら、その人を排除することも必要です。

こういったことの積み重ねが、参加者の方との信頼関係を築いていくことにつながっていくのです。そうすることによって、○○さんが開催している会は、安心だからまた行きたい、と思っていただくことができるのです。

信頼関係をつくっていくには時間がかかりますが、それが壊れるのは一瞬です。しかし、信頼関係を築くことができれば、その人はあなたのファンになってくれるはずです。ファンになっていただくことができれば、勉強会や交流会を開催する際、こちらからわざわざお願いしなくても友人を紹介してくれたり、告知を手伝ってくれることもあります。

つまり、ロイヤリティの高い顧客を持つことができるのです。勉強会や交流会だけでなく、商売は、いかに自分のファンをつくっていくことができるか、ということだと思います。

「あなたが主催している勉強会・交流会だから来ました！」と言っていただけるような会を目指してください。

05

誰が参加しているかによって、交流会・勉強会のクオリティが決まる

交流会や勉強会は、人と人との出会いの場でもあります。

勉強会では、知識やスキルを提供することに意識が向きがちですが、どんな人が参加しているかも、参加者にとっては重要なチェックポイントになります。

人は、あまりにも自分と収入や職業、生活環境が違う人が集まっているところに行くと、居心地の悪さを感じるものです。

それは、学生しかいない集まりに社会人が参加したときや、経営者になろうと思ってもいないのに、経営者ばかりの集まりに参加したサラリーマンの心境を想像してみればわかるはずです。

あえて、自分とは違うレベルの収入や職業、生活環境の人と交流したい場合は別ですが、人間は自分と似た人の集まりにいたほうが安心するものだし、また、相手に対して

親近感を抱くものです。

そのため、上質な人たちを集めて上質な勉強会や交流会を開催したければ、参加する人の質に気をつけることです。参加する人によって、イベントの質や格が決まってくるからです。

出会いを目的にした交流会やパーティーやオフ会は、とくにその質に気をつける必要があります。

では、私が言う〝参加者の質がいい〟というのはどういうことかと言うと、コミュニケーションをしっかりとることができる、人間関係を構築することができていて謙虚である、ということです。

交流会などでよく見かける光景ですが、初めて会ったにもかかわらず、自己紹介もそこそこに、自分の商品やサービスを強引に売り込む人がいます。誰が、会って5分しかたっていない人から、モノを購入したいと思うでしょうか。

一所懸命セールスしたいという気持ちはわかりますが、その前に、まず人間関係を構築しようとしない人から、私はモノを購入したくはありません。

また、人の話をきちんと聞けない人もどうかと思います。勉強会や交流会に参加して出会った方とは、ある意味フラットな人間関係ですから、大人であればお互いに尊重し合うのが普通です。

出会いの場を活用するのはけっこうですが、まずコミュニケーションをしっかりと取り、人間関係が構築できたところから、ビジネスははじまるのです。実際、勉強会や交流会からビジネスがはじまった人はみなさん、そのようなタイプの人ばかりでした。

それから、一業種・同業の方だけとの出会いを目的にした会なら別ですが、異業種交流会なら、参加される方は異業種の方との出会いを求めているわけですから、参加者がある特定の業種に偏らないように、参加者の職業や属性に気を遣うことも必要でしょう。

また、会のクオリティを一気に上げる方法として、「著名なゲストを呼ぶ」という手法があります。会社経営者や本の著者などです。

「○○さんが参加されるからよい会だろう」という、ゲストへの信頼感を利用させてもらうのです。

勉強会や交流会を主催する際には、いったいどのような人たちがそこに参加するのか、一度参加者の目線になって考えてみるようにしてください。

そこに注意できるようになれば、あなたの勉強会や交流会の満足度はもっと上がっていくはずです。

06

リサーチと差別化

さて、交流会や勉強会をはじめるにあたって、ターゲットの設定、目的・ミッション・目標の設定、ニーズの炙り出しが終わったら、次にするべきことはリサーチです。自分がやろうと思っている会に似た勉強会や交流会はあるのかどうか、を調べることです。その際に手軽なのは、ネットでの検索です。

そこでまず、参加費の平均的な価格や企画内容などを調べます。あまりにも相場より高いと、集客が難しくなります。むしろ、相場より少し価格を低めにしたり、内容をゴージャスにしたり、割安感を感じさせることができると、参加者の心のハードルは下がります。

そして、おすすめするのは、自分がやろうと思っている会と似た感じの勉強会や交流会に、参加者として一度参加してみると、自分が開催する際のヒントを得ることができるでしょう。

価格設定、会場の選定、コンテンツの質、主催者のふるまい方など、自分が参加者として参加して、印象が悪かった点、逆によかった点などをあげていきます。悪かった点は改善し、よかった点は取り入れてみるようにします。

また、その際に他の参加者の方と、名刺交換や自己紹介などをして親しくなることがあるかと思いますが、そこで知り合った人たちは、あなたの勉強会や交流会の参加者になってくれる可能性があります。

私は最初、異業種交流会を開催しようと考えたとき、インターネットで交流会を探して、参加してみることにしました。

民間のセミナールームで開催されていたその交流会は、女性限定の交流会で、30～40名ほどの参加者がいました。蛍光灯が寒々しく感じられる場所で、そこに用意されていたのは、ペットボトルのお茶とジュースと紙コップだけでした。後は、ひたすら参加者の方々と名刺交換をするというだけの会でした。それでもたしか、会費は4000円ほどだったと思います。

蛍光灯の明かりが寒々しく感じられるセミナールームで、初対面の人と延々と名刺交換をするその交流会は、引っ込み思案な私にとっては苦痛でしかなく、適当に理由をつけて、早々に切り上げて帰路につきました。

私が、この交流会に実際に参加してみて学んだことは、この交流会よりもお得感があれば参加者は集まるということと、女性限定の交流会は数が少ないため差別化につながる、ということでした。

また、セミナールームでの交流会は堅苦しい感じになってしまう、ということも感じました。自分が主催するときには、「雰囲気がよくて、参加者がなごめる場所がいいなあ」と感じたことをおぼえています。

幸いにも私はその当時、銀座でバーを経営していたため、場所に困ることはありませんでした。そのバーを使って、

1　銀座という、特別感がある場所にあるバーを貸切り、
2　4000円より少し安い3500円という価格設定で、

3　アルコールを飲み放題にして、たとえ交流会でお目当ての職種の人と出会うことができなくても、お酒が楽しめるから参加してみるか……というメリットを感じさせるという設定にしてみました。交流会ではなくても、銀座のバーで3500円で飲み放題というのは、かなり破格の値段でしょう。これが、差別化のひとつです。

また、私は女性なので、男性主催者が多い中では、そのことも他と違った差別化のひとつとなりました。

差別化するためには、コンテンツを高めるか、来る人の質をかなり高めるか（婚活パーティーにおける、男性の収入は○千万以上、経営者や有資格者限定で、女性はモデルやタレント限定など）、主催者自身をブランディングして、主催者の魅力で集客するか、驚くような低価格で勝負するか、のいずれかだと思います。

あなたが、他の主催者に勝てるところは何でしょうか。また、価格面や会場、コンテンツなどで努力できるところは何でしょうか。一度、これらを掘り下げてみましょう。もし、他のものより秀でているものがあれば、それ自体が集客につながるはずです。

3章

交流会・勉強会開催までの流れ

It opens.

01 開催までのスケジュール

私の場合は、だいたい1・5～2ヶ月くらい前から、交流会・勉強会の開催スケジュールを決めていきます。参加人数が多い場合は、少なくとも1・5ヶ月はほしいところですが、3週間で100名ほどのパーティーを開催する場合もあります。

これがルーティーン化されていけば、それほど準備日数は必要ありませんが、初めて開催する方は、準備時間は長いほうがいいことは言うまでもありません。

私が講師を務めるセミナーでも、「2ヶ月は余裕を持ちましょう」とお伝えしています。

おおまかな流れとしては、1～1・5ヶ月前に概要・日程・場所等を決め、1ヶ月前に一度告知を行ないます。そして、3～2週間前に一度、1週間前に一度という流れになります。

次項からは、具体的なタイムスケジュールをお話しします。

開催までのおおまかな流れ

開催1.5〜2ヶ月前

企画
会場・ゲストの手配

1ヶ月前

告知（HP,SNS,メール等）
▶会のタイトル
▶日時
▶会場
▶会費　など

2〜3週間前

告知（SNS,メール等）
▶参加人数
▶職種
▶受講メリットなど、具体的な内容を入れる

1週間前

追加ゲスト
出席の確認も

↓

開催当日

02 まずは概要・日程・場所を決める

まず、最初にしなければならないのが開催日時の設定です。これは、2章でも述べたように、ターゲットに合わせた設定が必要となります。

次が概要です。本当は、しっかりとした企画ができ上がっていればベストなのですが、まだこの段階では、細かい部分までは決めなくても大丈夫です。

概要とは、交流会なのか勉強会なのか、それともパーティーなのか講演会なのか、などといったことです。どんな目的で、どんな会場に、だいたい何名くらいを集客しようとしているのか。また、どれくらいの利益を出そうと考えているのかなど、ざっくりしたものでけっこうです。自分自身が思い描く形があるものから決めていくようにしてください。

私も、企画するときはそのときどきによって、はじまり方が異なります。

閑散期で、会場からパーティーを入れてほしいと頼まれ、まず〝会場ありき〟で企画をはじめることもあるし、すばらしいスキルや知識を持っている講師との出会いによってひらめきが起こり、〝講師ありき〟でセミナーを企画する場合もあります。

また、あるときは、私自身がおいしいものが食べたくて、食事会を企画することもあります。

日程と概要が決まったら、次にしなくてはならないのが、会場を押さえることです。ここは、とくに大事なところです。

日程、概要、会場の3つが決まっていれば、早いうちから告知をすることができます。見込み客に、できるだけ早く告知をすることで、スケジュールを空けておいていただくことができます。

コンテンツは、後から練り直すことも可能です（ただし、パーティーでライブを入れたり、セミナーで大物講師を呼ぶなど、会場の確認やスケジュール調整が必要なものに関しては、早めに決めておく必要がある）。

そして、勉強会や交流会の開催にあたっては、細かいことを決めることができなくて悩んでいるよりも、とにかく行動を起こしてしまったほうが、うまくいく場合が少なくありません。

私が講師を務める「セミナー講師・イベント主催者になって収入を増やす3つの秘訣」でもお伝えしていますが、実行することでしか学べないこともあります。そのため、躊躇することなくどんどんチャレンジし、実際に動いてみて、うまくいかなかったことは次回に活かし、うまくいったことは続ける——ときには、そんな勇気を持つことも必要です。

03 告知媒体の種類

さて、次は告知媒体の種類をご説明します。

イベントに集客するためには、告知が必要となってきます。この告知する場所が多ければ多いほうが効果的です。それは、集客人数は告知した数に比例するからです。

今は、ブログやＳＮＳ、ＨＰなど、個人でもさまざまな媒体を持つことが可能です。

ここでは、私がふだん告知に使っているものをご紹介します。

①ブログ

ブログサービスも、ＦＣ２、楽天、ライブドアなど数多くありますが、私はアメブロ（アメーバブログ）を活用しています。各種調査によると、アメブロは日本で第１位の規模のブログサービスとなっています。通常のブログ更新機能の他に、利用者相互のコミュニケーションを図るために、さまざまな機能が用意されているため、自分のブログのファンをつくりやすい環境になっています。

集客人数は告知数に比例する

Blog	アメブロが一番
SNS	Facebook、Google+、LinkedIn、mixi　など
ホームページ	安価でできる業者もある
メール	メール配信ソフト　acmailer (http://www.acmailer.jp)

※その他にも電話や FAX、DM チラシなど

②SNS

ＳＮＳも数多く存在しますが、私が告知に使って実際に成果があったのが、ｍｉｘｉ、Ｆａｃｅｂｏｏｋです。

私が、交流会をはじめた２００７年頃は、ｍｉｘｉのコミュニティで告知をして、大きな反響を得ることができましたが、２０１１年10月から、Ｆａｃｅｂｏｏｋを中心に告知しています。

Ｆａｃｅｂｏｏｋは、利用しているユーザー数が多いこと、イベントの作成という機能によって、ユーザーにイベントのお知らせを簡単に伝えられることで、告知に適した媒体と言えます。

その他にも、Ｆａｃｅｂｏｏｋは個人でも安価で広告を出すことができます。他の広告に比べると、破格値とも言えます。

Ｆａｃｅｂｏｏｋの機能やくわしい操作方法について

は、ノウハウ本が多数出ているので、参考にしてください。

③ホームページ

私は、自分の会社主催で交流会やパーティー、セミナーを行なっているため、自社のホームページでも告知しています。ただ、立ち上げるには専門知識が必要なこと、更新にも多少の知識が必要なことはデメリットと言えます。

ただ、組織や団体が勉強会や交流会を主催するのであれば、ホームページは必須と言えます。今どき、ホームページがないと不信感を持つ人がいるからです。簡単なものでもいいので、ぜひこの機会に立ち上げましょう。

④メール配信

メール配信ソフトも、有料・無料のものなど数多くありますが、私は無料のメール配信ソフトを使っています。

メリットは、顧客リストが自主管理でき、個人情報の流出の心配がないことです。デメリットとしては、レンタルサーバーを借りるなどのシステム面での手間がかかるため、ある程度コンピュータにくわしくないと導入しづらい、という点です。

私は、ａｃｍａｉｌｅｒ（http://www.acmailer.jp）というフリーソフトを使用しています。

これは、無料ソフトであるにもかかわらず、わずらわしい広告も入らず、一斉送信も簡単に行なうことができて、とても重宝しています。

⑤情報サイト

勉強会や交流会、セミナー情報などが掲載できるサイトがあります。セミナーズ（http://www.seminars.jp）、ＥｖｅｎｔＦｏｒｃｅ（http://eventforce.jp）、セミナー情報．ＣＯＭ（http://www.seminarjyoho.com）などです。サイトによって掲載条件がありますが、それは後の章でくわしくお話しします。

以上の５つが、主な告知媒体です。

その他には、電話やＦＡＸ、チラシやＤＭなども告知に使えますが、私はそれらをほとんど使いません。それは、費用対効果が低くて時間がかかるからです。チラシをつくろうとすれば、チラシをデザインするデザイン費用、印刷代、ＤＭの場合は、それに加えて郵送費がかかります。

それらの費用に見合うだけの高額なセミナーやパーティーなら、やる意味があるかもしれませんが、低価格で少人数の交流会や勉強会では、経費がかかり過ぎてしまいます。その点、先にあげたブログやＳＮＳ、メール配信は、基本的にお金がかかりません。お金をかけるとしても、少額で手軽にはじめられるのが利点です。

最近では、ひとつの告知媒体だけを見て参加を決めるというよりも、ブログを見て、ＳＮＳを見てＨＰを見てと、全部のページやプロフィール、詳細を見てから申し込むという人が増えています。

さまざまな情報を吟味したうえで、良質な勉強会や交流会に参加したいということでしょう。

04

告知は開催までに3回行なう

先にも述べましたが、告知は開催までに3回は行ないましょう。

1回告知をしたからと言って、それでバンバン参加の申し込みがあると思ってはいけません。

集客に悩んでいるという主催者の方の話をお聞きすると、だいたいは、たった1回ブログに書いただけ、一度メールを送っただけ、という人が少なくありません。しかし、1回だけではまったく不十分です。

では、どのタイミングで3回の告知をすればいいのでしょうか。

まず最初は、場所や日時、概要が決まったとき（1・5〜1ヶ月前）に1回行ないます。次は、3〜2週間前にもう一度行ない、さらに7〜3日前にも行ないます。

なぜ、3回かと言うと、まずひとつは、単純に開催日の勘違いやうっかり忘れを防ぐためです。私も経験があるのですが、知人から誘われた勉強会で、日にちを1日勘違いしていて、出席できなかったことがあります。

実際、私が主催する交流会やセミナーでも体験したことですが、一度目に告知したときは都合が悪かったものの、急に予定が空いてタイミングよく2回目の告知を見たので参加することにした、という人がいました。

後は、たまたまブログを見ていなかった、あるいはメールボックスを開いていなくて気づかなかったということを防ぐという目的もあります。

「告知は3回しましょう」とおすすめしていますが、まったく同じ文章をブログに書いたり、メールで送ってはいけません。

たとえば交流会の場合、1回目の告知で日時・場所・概要をお知らせしたら、2回目の告知で詳細な企画内容（著名なゲストのスピーチを聞くことができる、有名レストラン○○シェフのビュッフェを用意した、バイオリンの演奏を聴くことができるなど）を伝え、3回目の告知では、現在○○名様の予約が入っている、○○会社の社長が参加予定と伝えるなど、切り口を変えてお知らせします。

まったく同じ内容の告知文を目にしても、「ああ、またか」としか思ってもらうことができません。しかし、切り口を変えて告知をすると、1回目の告知では行く気分にならなかった人も、2回目、3回目の告知を目にしたことで、行く気になる人もいるからです。

たった1回だけの告知で「集客できない」と嘆くことはやめましょう。集客人数は、いかに告知できたか、その告知の数によって、当日いらっしゃる参加者の人数が決まるからです。

05

会費の決済方法

会費の決済方法にはいろいろありますが、私が使っているのは次の３つです。

①銀行口座振込

これは、事前に参加費を銀行口座に振り込んでもらう方法です。この方法のよい点は、先にお金を払っていただいているため、キャンセルが出にくい、ということです。

しかも、会場によっては事前決済しなくてはならないところもあるため、主催者にとって銀行口座への事前振込はありがたい話なのです。

ただし参加者にとっては、事前に振り込む手間や銀行に行く手間を考えて、申し込みをやめてしまうこともあります。

②クレジットカード決済

銀行振込と同じく、すでにお金を払っているためキャンセルも出にくいし、事前に売上予測が立てられるのはいいのですが、手数料が必要となります（カード会社によって金額は異なる）。また、カード会社の締め日に合わせて主催者に支払われるため、入金に時間を要するのもデメリットです。

③当日決済

参加者にとっては、気軽に出かけられるのがメリットです。急に時間が空いたから、気になっていた交流会に行こうと思っても、銀行振込やカードによる事前決済が必須だと、当日になって参加することは不可能です。

振込手数料やカード手数料などがないため、参加者にとっても主催者にとっても、最も負担が少ない決済方法ですが、手軽な分、〝ドタキャン〟などをされやすいというデメリットがあります。

また、大勢の人が集まる勉強会や交流会だと、徴収する会費の金額が大きくなるため、防犯上の不安があります。

以上のことから、主催者にとっては銀行口座に事前振込してもらうのが、一番手堅くてお金の管理もしやすいのですが、銀行口座振込が必須となると、それだけで参加へのハードルを上げてしまうことにもなりかねないため、主催する勉強会や交流会の性質などを見きわめたうえで設定するようにしましょう。

06 開催当日の主催者としての心がけ

私は飲食業から、セミナー・イベント業に転身したという経緯があります。それを話すとみなさん、「180度の転身ですね」と言われます。

しかし、私の感覚で言うと、両方ともたいへん似ていると感じています。

どこが似ているかと言うと、「参加者＝お客様にサービスを提供する仕事」という共通点があることです。

飲食店は、お客様に飲食物と、心地よく過ごしていただくための空間を提供する仕事です。

一方の勉強会や交流会も、参加者のお役に立つ知識やノウハウを提供し（交流会の場合は飲食物を提供することもある）、やはり飲食店と同じように、参加者の方に心地よく過ごしていただくための空間を提供することが、主催者の役目だと考えるからです。

参加者に心地よく過ごしていただくために快適な会場を選定する、もしその場になじめない参加者がいたら、主催者から積極的に話しかけて緊張を解いていただく。そういった心配りが必要になってきます。

さて、ここで当日必要なものをリストアップしてみましょう。

①参加者名簿

参加者の方のお名前、当日連絡を取ることができる連絡先は必須です。同姓の方がいらっしゃる場合もあるため、できればフルネームでいただいておいたほうが間違いがありません。

また、男女の比率を均等にするようなパーティーであれば、性別を書く欄も必要です。名前だけでは性別がわからない場合もあるため、知っている参加者以外は確認するようにします。

②釣り銭

当日の決済にする場合、釣り銭が必要となります。私はだいたい2~3万円ほどを小銭で用意しています。

会費によって、必要な釣り銭の額は変わってきますが、大量に用意しにくい硬貨は、前もって銀行などで両替しておきます。

③領収書

領収書は、必要な人と必要ではない人がいますが、なるべく多めに用意しておきましょう。3万円を超えるような高額な勉強会や交流会の場合、収入印紙も必要になってきます。100名以上の人が集まる会では、あらかじめ、金額や日付も入れてプリントしたものを用意しておくと便利です。事前振込みでは、「領収書の発行は銀行の振り込み明細にて代えさせていただきます」などと明記し、領収書の発行の手間を省くパターンもあります。

④名刺

主催者として、来ていただいた方にご挨拶するために必要です。これも、多めに用意しましょう。

⑤筆記用具

領収書に記入する際、名簿をチェックする際に必要になってきます。

以上、最低限これら5点は必要になってきます（事前入金の場合は、この限りではない）。

後は、勉強会や交流会の性質によってはテキストが必要になったり、ネームプレートを用意する場合もあります。

07

クオリティを維持するためのルール設定の重要性

質の高い勉強会・交流会にしていくために、また、来ていただいた方に満足していただくために、クオリティを上げていく努力が必要なことはすでにお話ししました。そして、そのクオリティを維持するためには、**ハウスルールの設定**が大事なことも、前章でお伝えしました。

ハウスルールを設定し、それを参加者に徹底させることは、とても重要なことです。勉強会や交流会を開催する目的やミッションをしっかりと明示し、その趣旨に賛同してくださる方限定で参加者を集めることも、その会のクオリティを高めます。

私の友人のあるパーティー主催者は、集客を〝口コミ限定〟にしているそうです。それはある意味、ハウスルールを徹底するためということです。

ネットで集客した場合、素性がわからない人が来る場合があるため、ナンパ目的の人

ハウスルールを設定しよう

- ▶遅刻厳禁
- ▶欠席回数の上限設定
- ▶キャンセルポリシーやプライバシーポリシー
- ▶過度な勧誘禁止
- ▶ナンパ禁止
- ▶公序良俗に反する行為の禁止
- ▶セクシャルハラスメント、パワーハラスメントの禁止

など

や強引なセールスをする営業マンから、既存の参加者を守るためです。

その他には、同じようなパーティー主催者や、セミナー主催者の出入りを禁止する勉強会や交流会もあります。これは、参加者の引き抜きを避けるためです。

私の主催するイベントでも、ハウスルールを設定していますが、その中のひとつとして、過度なセールス活動をする方の参加をお断りしています。もし、他の参加者からクレームがあった場合、イベントの開催中でも、そのような声を聞けば厳重注意し、あまりにも悪質な場合は帰っていただくこともあります。もちろ

ん、その後のイベントの出入りもすべて禁止しています。

また、ドタキャンを繰り返す人も出入り禁止にすることがあります。少人数のセミナーや交流会の場合、満席で他の人を断っている場合があるからです。やむを得ない理由があり、きちんと連絡をくださる場合はいいのですが、何の連絡もなく来ない人もいて、本当に困ってしまいます。

そういったことを防ぐためにも、ハウスルールを設定して、告知媒体にはきちんと記載しておくようにしましょう。

08

次につなげるアフターフォローの仕方とリストの作成

勉強会や交流会が終わった後、必ずしなければならないことがあります。それは、アフターフォローです。

まず、来ていただいた方にお礼の連絡をします。お礼は、なるべく早いほうがいいことは言うまでもありません。

メールや電話、ハガキや手紙。お礼のメッセージを伝える手段はいろいろありますが、これをすることが次の集客につなげる秘訣です。

私の知人で「人脈の達人」と言われている方は、人に会ったら、24時間以内に必ずお礼のメッセージを伝えているとのことでした。私もそれにならって、できるだけ24時間を目安に、お礼のメールをするようにしています。

ただし、金曜日の開催だと土曜日、あるいは土曜日の開催だと日曜日に連絡をすることになりますが、異性の既婚者の場合だと、参加者の配偶者に、よけいな心配をさせてしまう場合があるため、その点には注意が必要です。私は、週末の開催の場合には、月曜日に連絡するようにしています。

昨今ではコンプライアンスが非常に厳しく言われており、業種によっては会社のメールや電話のプライベート目的での使用が禁止されている場合もあるため、事前に、いただいた名刺の連絡先に連絡をしてもいいか、お聞きするようにします。

また、勉強会や交流会が終わった後にしなくてはならないのが、連絡先のリストの作成です。リストは最低限、会社名、名前、メールアドレス、電話番号などはデータベース化しておきましょう。すると次回、勉強会や交流会を企画した際に、告知がスムーズにできます。

ちなみに、私は名刺の管理は、パナソニック ソリューションテクノロジー株式会社から発売されている『名刺読取革命』というソフトを使って管理しています。

このソフトは、スキャナー、携帯電話、デジタルカメラなど、3つの機器から名簿の読み込みを行なうことができ、英語名刺や縦書き名刺、QRコード認識の対応をしています。

そして、複数のパソコン間での名刺情報のデータ共有も可能です。名刺データの整理・検索が簡単にできるうえに、他ソフトとのインポート、エクスポートも可能です。

勉強会や交流会を開催すると、恐ろしいくらいの勢いで名刺はたまっていくことになるため、少ないうちからコツコツとデータベース化する癖をつけておきたいものです。

4章

交流会・勉強会の収益のつくり方

It opens.

01

一般的な主催者の収入

さて、ここまでお読みいただいて、では主催者は1回のイベントの主催で、いったいどれくらい稼げるのか、という疑問をお持ちになったことと思います。

一口に勉強会や交流会と言っても、その規模はさまざまなため、「○○円稼げますよ！」と言い切ることはできませんが、副業として月に3～5万円を稼ぐことは、それほど難しいことではありません。しっかり取り組めば、20～30万円稼ぐことも可能です。しかも、やり方によっては1回の勉強会や交流会で、何十万円でも、あなたの望む金額を稼ぐことが可能です。稼ぎたい金額を得るために、動員数や会費や会場費を組み立てていけばいいのです。

イベントで利益を得るためには、会場費をはじめとする諸経費を、いかに圧縮できるかが、ひとつのカギになってきます。

たとえば、交流会の会費が5000円で、諸々の経費が1人あたり4500円だったとしたら、利益はわずか500円にしかなりません。しかし、経費が2000円だったら、利益は3000円になります。

経費の圧縮方法はいくつかありますが、知人に価格相談ができる会場を紹介してもらったり、オーナーにとってのメリットを提示することで割引をしてもらったり、できるだけお金を使わずにすむ宣伝広告ツールを活用することができます。

稼ぎたい金額が何十万、何百万円となると、いささかハードルが高くなることは言うまでもありませんが、数万円程度を稼ぐのはそんなに難しいことではありません。

ある勉強会を想定して計算してみましょう。

【タイトル】……「職場での人間関係力をUPする、コミュニケーション勉強会（仮）」
【講師】……自分
【参加費】……5000円
【参加人数】……10名

【会場費】……2万円

講師は、自分自身が務めるため、講師へ支払う謝礼の必要もなく、わずか10名を集めるだけで、３万円の利益になります。もし、１ヶ月に同じ勉強会を2回したとしたら、６万円の利益です。

どうですか？　何だかワクワクしてこないでしょうか？

しかも利益は、もっと得ることも可能です。そのためにはさまざまな方法があるので、それを順番にお話ししていきましょう。

02 交流会・勉強会の基本的な収益構造の考え方

交流会や勉強会の収益には、次のようなものがあります。

①交流会や勉強会を主催することによって得られる利益

参加費×参加人数－会場費等の経費＝利益

この式はとてもわかりやすいでしょう。勉強会や交流会を開催するたびに得られる利益です。参加費が高く、参加人数が多く、さらに会場費が安ければ利益は増え、逆に参加費が安くて参加人数が少ないと、利益は少なくなります。

ですからこの場合、いかに付加価値を付けて参加費を高くすることができるか、そしていかに多くの人に来てもらうことができるか、またいかに経費をコストダウンできるか、などがポイントとなります。

主催者のカラーや、提供するものにもよりますが、利益をどれくらい出せるかは、主

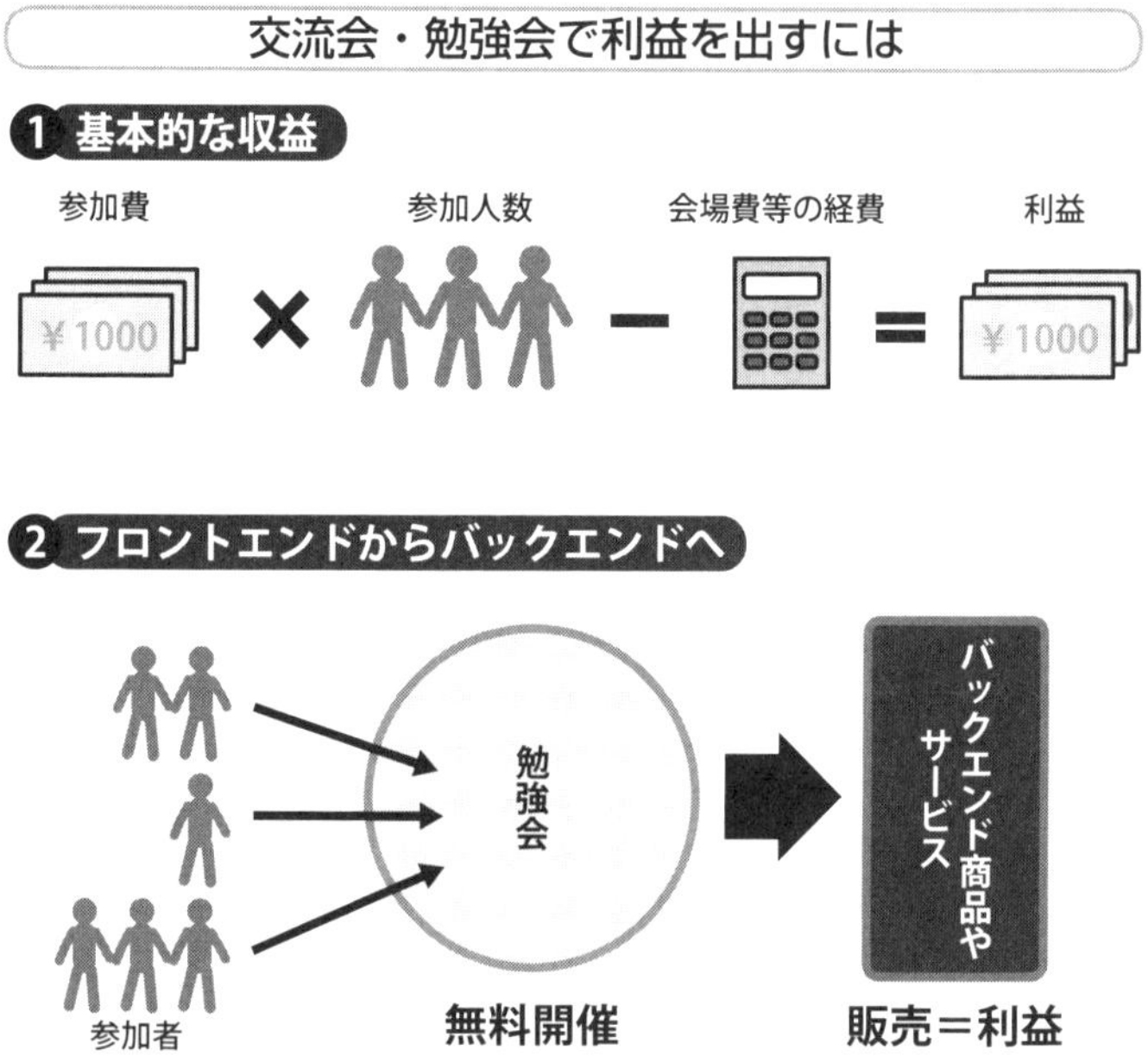

催者の手腕が問われるところです。

②フロントエンドからバックエンド商品へつなげることで得られる利益

たとえば、交流会や勉強会を主催することによって得られる利益が赤字だったとしても、交流会や勉強会を入口（フロントエンド）と捉え、**自分が持っている商品やサービス（バックエンド）を売る**ことによって利益を得ることで、トータルで黒字にすることができます。
不動産や金融商品などでよく見られる営業手法ですが、無料でセミナーに招待し、商品を売ることで利益を上げています。そして、入口であるセミナーを無料にすることで参加に対する心理的ハードルを下げ、参加しやすくするという狙いもあります。
さらには、交流会や勉強会の主催でもきちんと収益を上げ（赤字を出さない）、バックエンドを売ることで、さらに利益を得ることだってできるのです。

私が過去に主催したセミナーでも、フロントエンド、バックエンドの両方で大成功したセミナーがあります。参加費は2000〜3000円という安い設定でしたが、その後の10万円のコンサルティングが飛ぶように売れたことがあります。これは、フロントエンドのセミナー自体も大人気だったため、参加費×人数の収益と、バックエンドの収益で、通常の2倍も儲かりました。

提供する内容にもよりますが、フロントエンドとバックエンドの両方で収益が上がるような仕組みや付加価値などを考えてみるといいでしょう。

交流会・勉強会で利益を出すには

3 協賛をもらう

③個人や企業から協賛をもらう

これは、ある程度の実績がないと難しいかもしれません。しかしうまくいくと、集客する人の属性（年齢や性別、職種など）がはっきりしている場合、その属性に合った商品やサービスを提供している個人や会社から**協賛をいただく**ことができます。

商品のサンプルなど、現物での協賛していただける場合もあるし、当日の配物や事前チラシへの広告協賛、イベントでのブース出展で徴収できる協賛金もあります。

たとえば、Ｆ１層（20〜34歳の女性）

が多く集まる交流会を企画したとします。このＦ１層が興味を持っている会社（化粧品、衣料、グルメ、旅行などを取り扱う会社）にアプローチをかけて**広告を出稿していただいたり、サンプルとしてその会社の商品などを協賛していただく**ことができます。

広告枠に出稿してもらうことができれば、広告料が入ってくることになるし、サンプルをもらうことができれば、交流会に参加する特典としてＰＲすることができます。

私が主催したパーティーでも、企業からサンプルを提供していただいたことがありましたが、参加者の方へのお土産として渡して好評を得ました。

ブース出展は、個人や企業が持っている商品やサービスを当日、販売やサンプル配布をしてＰＲしてもらいます。ブース料として、決まった金額をいただいてもいいし、その場で商品を販売するのであれば、売上げの○○％をキックバックしてもらうということも可能です。

以前、企画・運営をしたあるイベントでは、１回のイベントで企業や個人の方から、合わせて300万円ほどの広告協賛をいただいたことがあります。この場合、来場者の参加費と合わせて、400万円ほどの売上げとなりました。

個人や企業から協賛をしてもらうために、交流会や勉強会のデータを積み重ねていきましょう。開催数、動員数、参加者の属性などのデータベースがしっかりあったほうが、協賛をいただける可能性が高くなっていきます。

④店の協力者となる

これは、開催する会場（主に飲食店）に人を動員することによって、**キックバックをもらう方法**です。再三言っていることですが、店にしてみれば、お客様に来てもらうきっかけをつくってもらえることは最大のPRとなります。

この場合、売上げの○○%をキックバックしてもらう、という交渉もできるし、オーナーにとってメリットのあることを考えて提案してみましょう。

そして、またこれは少し違う儲け方のパターンですが、飲食店の規模を問わず、HPなどに出ている〝**表の値段**〟と、よく使ってくれる人や知人に出す〝**裏の値段**〟とは異

交流会・勉強会で利益を出すには

4 店の協力者になる

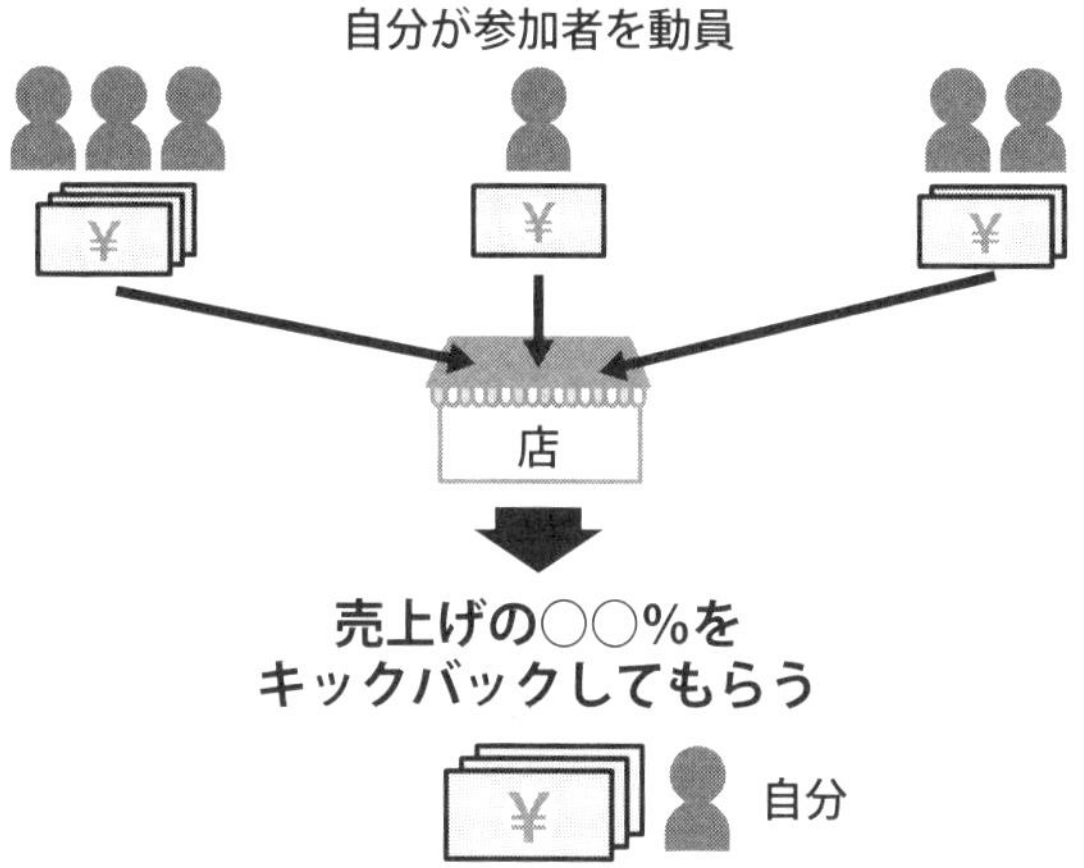

“表の値段”と“裏の値段”との差額で儲ける①

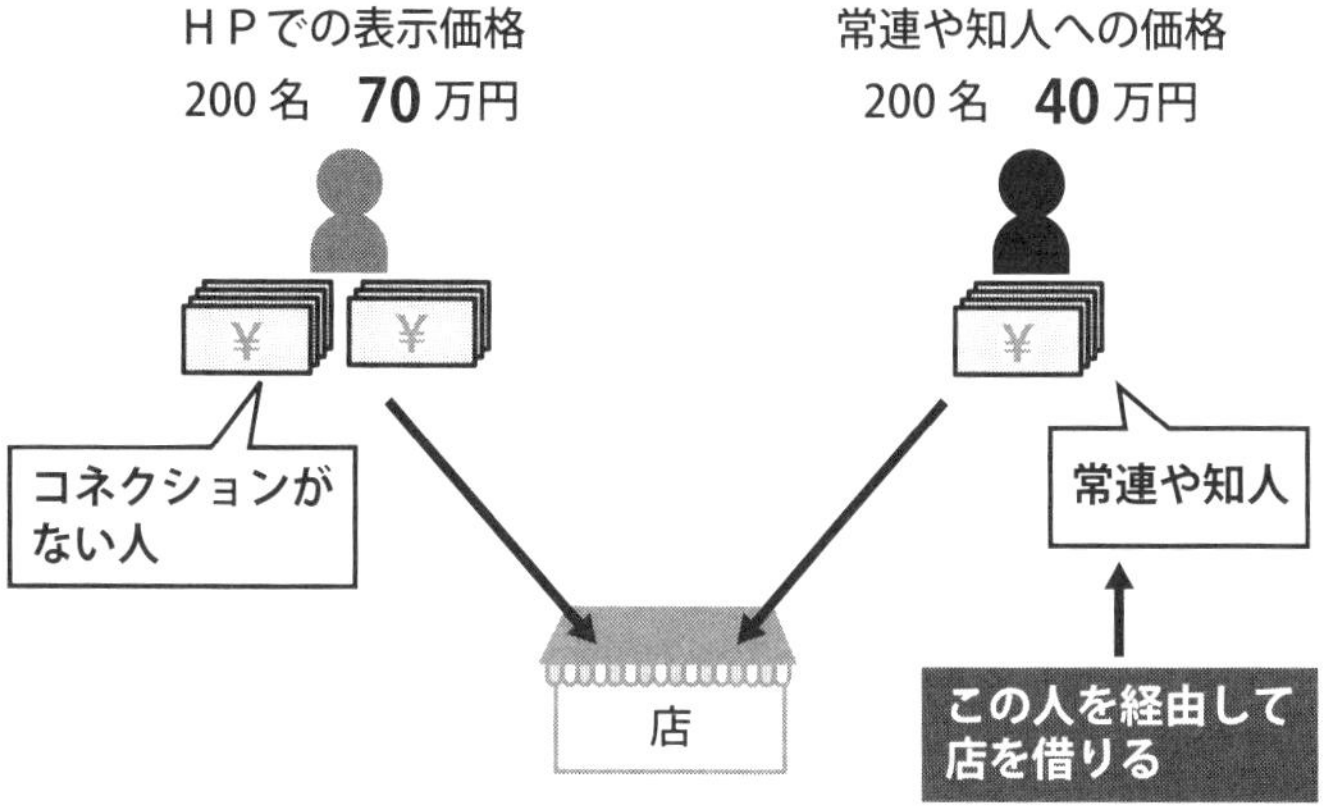

“表の値段”と“裏の値段”との差額で儲ける②

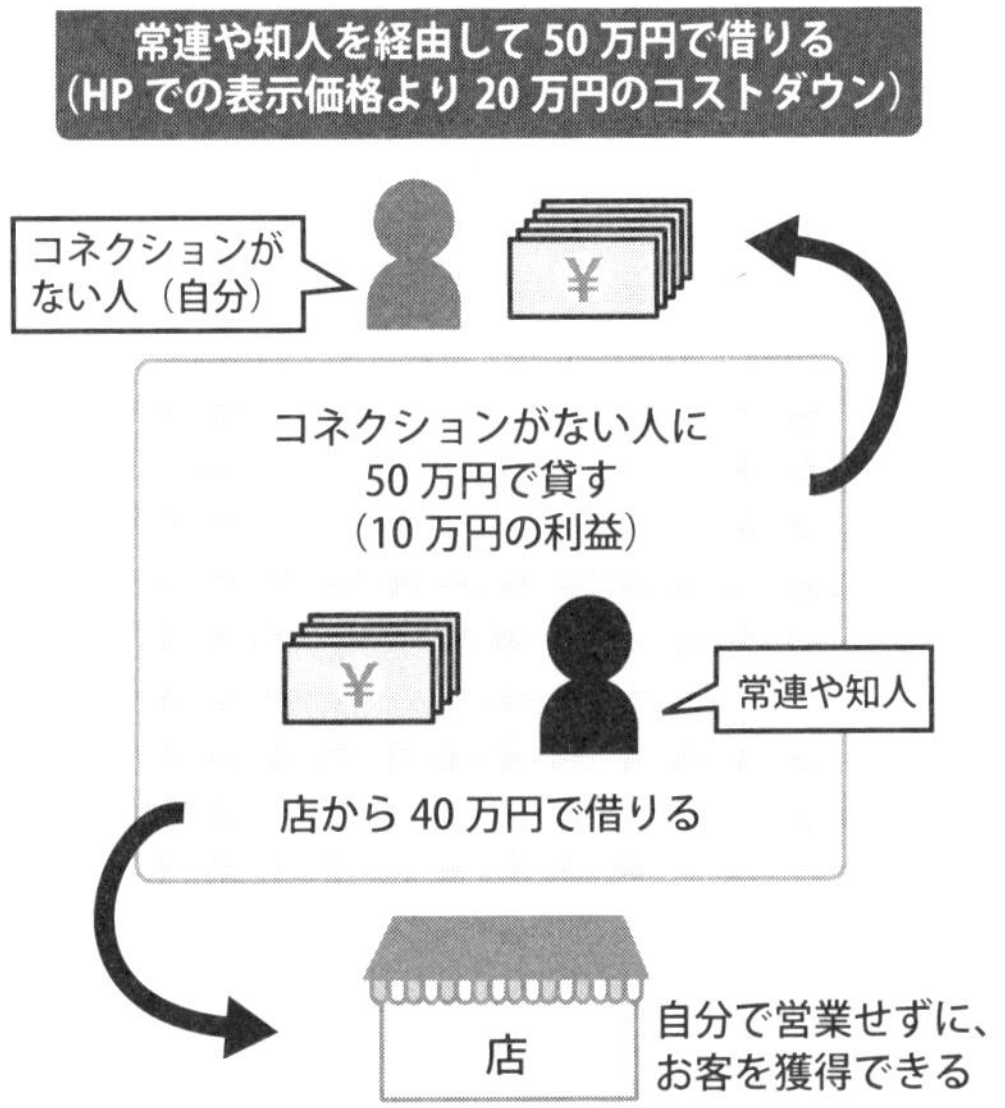

なる場合があります。その店を多く使うほど、ディスカウントが可能と前述しましたが、ふだん２００名70万円で出している店も、よく使ってくれる人や知人には、同じ内容でも40万円で出していることもあります。

　そこで、まったく初めての人やコネクションがない人が交流会などを開催したい場合、よく使っている人や知人を通すと、40万円で店を使わせてくれることがあります。よく使っている人は、まったくコネがない人に50万円で販売すると、まったくコネがない状態よりも20万円のディスカウントになり、よく使っている人にとっても10万円の利益となります。

「毎月○回以上○○○名動員をする」など、定期的にある程度まとまった人数を動員する約束をする必要がありますが、交渉しだいでは、ここでもキャッシュポイントをつくることができます。

⑤二次販売

勉強会やセミナーの場合に限られますが、勉強会やセミナーの様子を撮影して、**後日DVDなどで販売する方法**です。勉強会やセミナーの内容に興味はあるが、日程が合わずに参加できなかった人がいた場合、その人にとっても親切な話だと思います。

その他、コンテンツをまとめてPDFにしておいたり、音声の録音をしておくと、後日、他の勉強会やセミナー申込みの特典（オマケ）やブログやHPへの掲載（宣伝として）などでも使用できるため、勉強会やセミナーの様子を記録しておくといいでしょう。

02 ゲストを呼んだ場合の謝礼の考え方

これは経費の話ですが、交流会や勉強会を盛り上げるために、ゲストを呼ぶことがあります。

交流会だと、スピーチや講演をしていただくゲスト、エンターテイメント性を高めるためのＤＪやマジシャン、ダンサーやジャグラー（曲芸師）などをゲストに呼んだり、勉強会だと、専門スキルや知識があるゲスト講師を呼ぶことがあります。

私が、セミナーを開催していると、よく聞かれる質問として、ゲストに対してどのように謝礼をお支払いするのがいいか、また金額の相場はどのくらいか、というものがあります。

ゲストへの謝礼の相場は、あってないようなもので、支払い方法もさまざまなパターンがあります。

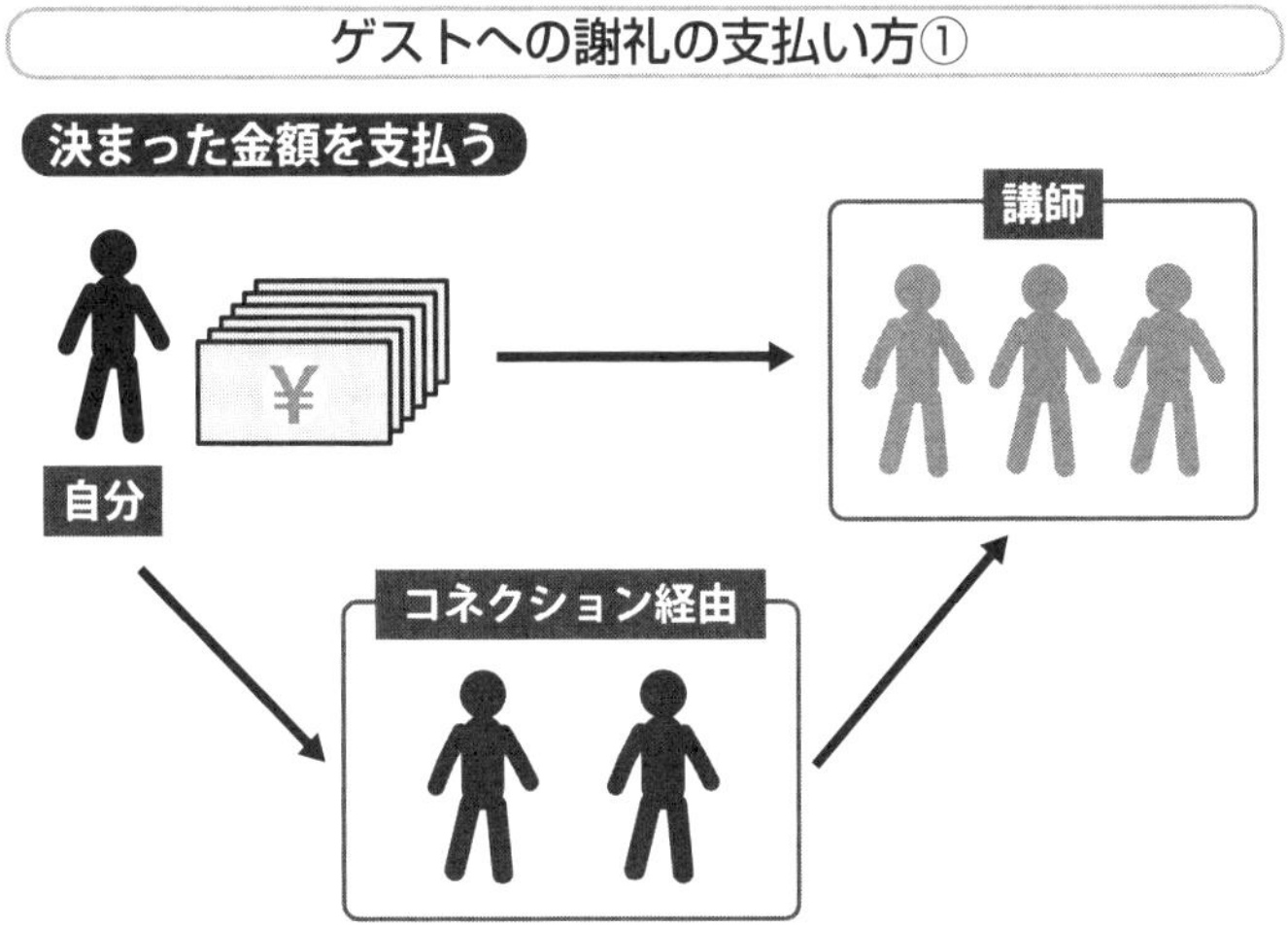

①あらかじめ、決めた金額を支払う

謝礼額は、ゲストによってさまざまです。はっきり言ってしまうと、有名であればあるほど謝礼は高く、その逆は安いということになります。

その差は、天と地ほどの違いがあり、交通費や飲食費の負担だけで快諾してくれるゲストもいるし、私が知っている中で最も高額だったのは、1時間300万円というものでした。

一概に言うことはできませんが、私が経験してきた中だと、エンターテイナーを呼ぶ場合、謝礼は固定という場合が多いようです。

そして、ここが一番のポイントですが、主催者とゲストの関係によって、謝礼の額は大きく変わってきます。もともと、人間関係があって仲がいい場合、お友達価格として破格値で来てくださる場合もあります。

しかし、まったくゲストの心当たりがない場合は一から探すことになるわけですが、そのような場合は知人の伝手をたどって紹介してもらうのがいいでしょう。また、講師を「システムブレーン」や「講師依頼.ｃｏｍ」などのインターネットサイトで探すこともできます。当然ながら、正規料金は少々高額になります。

また、これも会場と同じですが、交渉の仕方やタイミングしだいでは、ディスカウントすることも可能です。

たとえば、ゲストが著書を出版したばかりだと、相手は、なるべく多くのプロモーションの場がほしいと考えているため、通常よりも割引価格で引き受けてくださる場合があります。

お金以外の部分でも、自分の持っている知識やスキル、人脈を代わりに提供すること

ゲストへの謝礼の支払い方②その1

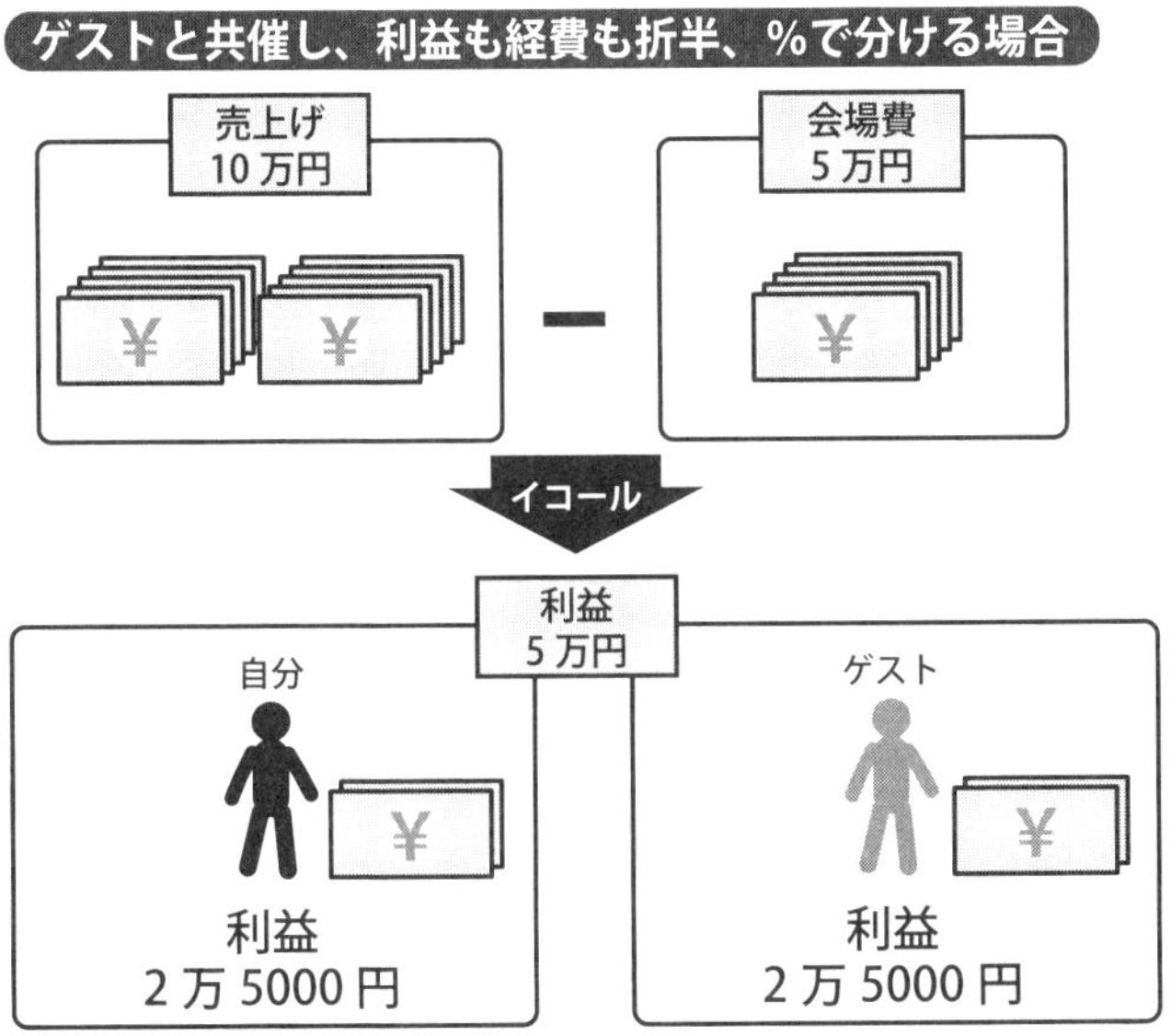

でゲストにメリットを与えることができる場合は、謝礼が安くても引き受けてくださることがあります。

②ゲストと共催し、利益も経費も折半、あるいは％で分ける場合

これは、ゲストの方と共催という形をとり、利益も経費も完全に折半にする方法です。

たとえば、10万円の売上げで、会場費が5万円だったとしたら、2万5000円ずつ分けるということです。

ゲストへの謝礼の支払い方②その2

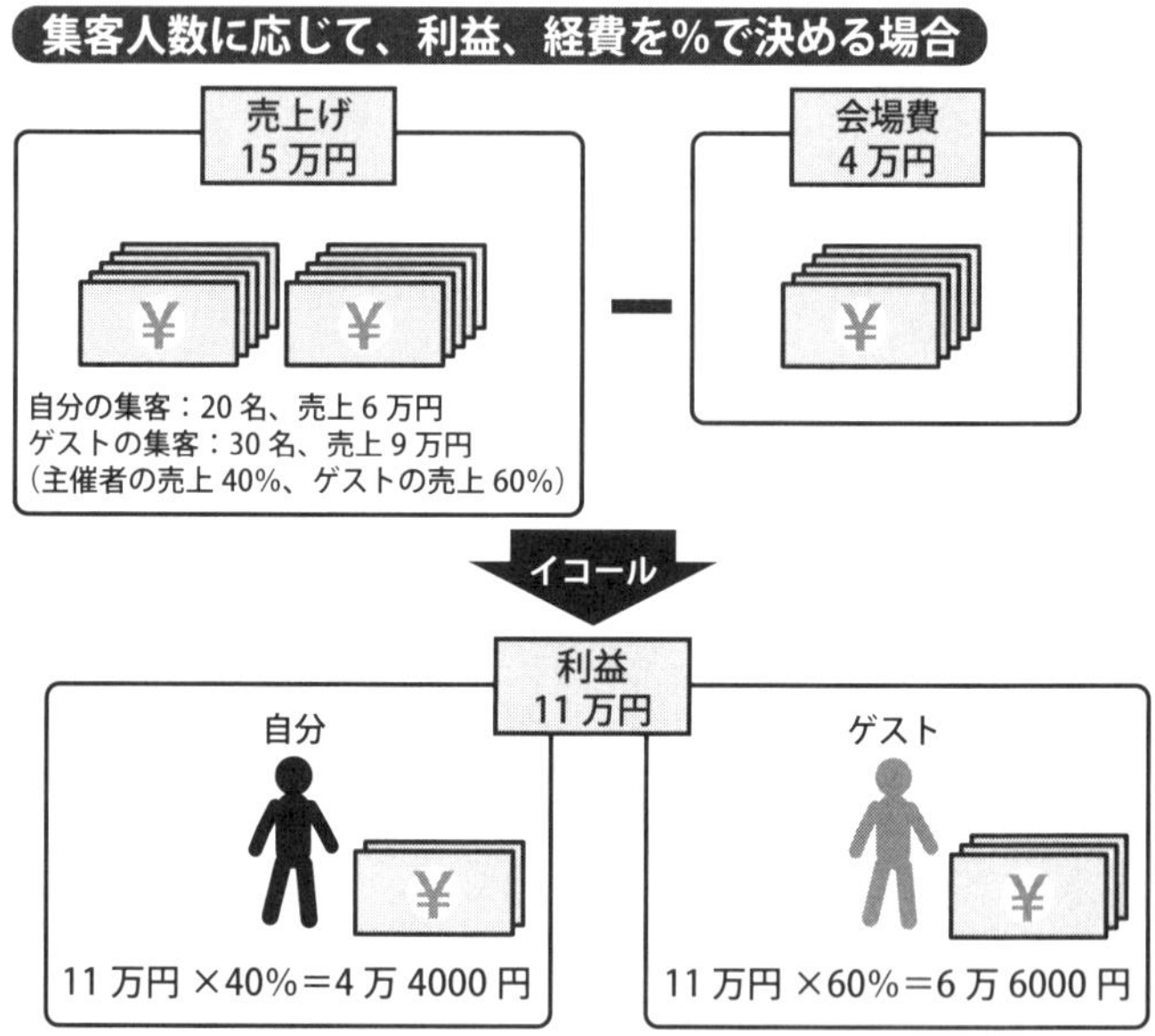

その他には、集客人数に応じて利益や経費を％で決めることもあります。

たとえば、主催者（自分）が20名集客して6万円の売上げ、ゲストが30名集客して9万円の売上げ、会場費などの経費が4万円だった場合で見てみましょう。

この場合、15万円－4万円＝11万円（主催者の売上40％、ゲストの売上60％）、11万円×40％＝4万4000円が主催者の利益となり、

11万円×60％＝6万6000円がゲストの利益となります。

これは、黒字の場合の例ですが、赤字が出た場合どうするかという取り決めは、事前にきちんとしておいたほうがいいでしょう。

③バックエンド（売りたい商品やサービス）を持っているゲストの場合、セミナー開催の場合の利益は○○％、バックエンドが売れた場合の利益は○○％とする

セミナー開催時は主催者が集客をするため、主催者70％、ゲスト30％で利益を分けて、バックエンドが売れた場合は、ゲストが商品やサービスを提供するため、主催者30％：ゲスト70％というように、利益配分の取り決めをして分ける場合もあります。

以上①～③まで、ゲストへの謝礼の考え方として3つあげました。

勉強会や交流会の規模によって、かけられる経費はまったく変わってくると思いますが、お金ではない部分でのメリット（自分が持っているスキルや知識）をゲストに提供できる場合や、趣旨や志によっては、ゲストが共感してくれて謝礼なしで動いてくれる

ゲストへの謝礼の支払い方③

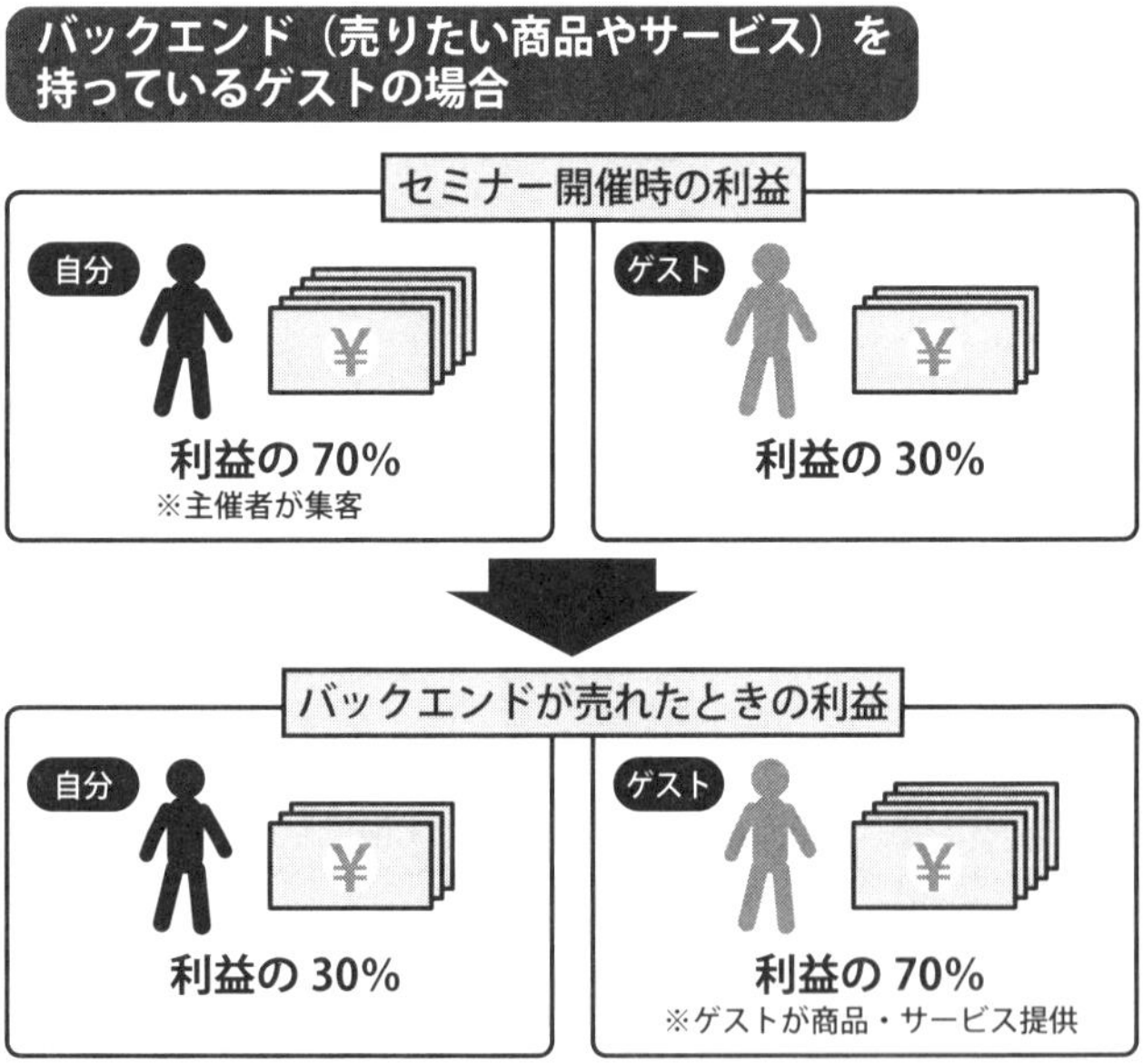

場合もあります。

自分の強みや提供できるメリット、勉強会や交流会を主催する意図などを、今一度整理して書き出してみましょう。

03 どこで利益を出すかを明確に把握しておく

これまで、勉強会や交流会での収益の上げ方を書いてきましたが、開催時の利益（売上－経費＝利益）が赤字になってしまうと、持ち出しになってしまうため、次回の開催へのモチベーションが低くなります。

しかし、赤字を避ける方法はいろいろあります。頭を柔軟にして、どこでキャッシュポイントをつくることができるか、いかに経費を縮小できるか、を考えてみましょう。

本書ではこれまで、会場費のコストダウンのやり方、フロントエンドからバックエンドへつなげること、協賛をいただくこと、店の協力者になること、ゲストへの謝礼のことなど、大きく分けて５つのポイントを紹介してきましたが、あなただけの強みもあるはずです。

そのポイントは、協力者となり得る人のメリットを突き詰めて考えていくことです。

相手のメリットとなることを差し出すことによって、利益が生まれるのです。

そして、どこで利益を出すか、ゴールを明確にしておきましょう。利益をどこで出すかを決めておくと、この部分は先行投資として考えることで、たとえ赤字が出たとしても、モチベーションが下がることはありません。

5章

交流会・勉強会の企画の仕方

It opens.

01 企画のつくり方

企画のつくり方には、10のポイントがあります。それを、順番にお話ししていくことにしましょう。

①タイトル

企画で、もっとも大事なのはタイトルです。タイトルしだいでは、動員数がまったく変わってくるからです。

私が、本書の原型となるセミナーを開催していたとき、当初は「セミナー・イベントの開催方法」でした。

もともとの知人や、私がどんな実績や経歴を持っているかを知っている人、またテーマがはっきりとわかっていただいている人は来てくれましたが、インターネットでの集客は今ひとつでした。

そこで、練りに練って考えたのが、「セミナー講師・イベント主催者になって収入を

企画のつくり方には10のポイントがある

①タイトル	一番大事なのはタイトル
②目的	参加者にどのようなものを提供するのか
③対象	どんな人に向けて勉強会・交流会を企画するのか
④内容（コンテンツ）	当日話す内容を書く
⑤日時	ターゲットに合わせて設定する
⑥会場・定員	会場は、定員より少し狭いところを借りる
⑦会費	参加者が気軽に参加できる金額はいくらか
⑧ゲストプロフィール、あるいは主催者のプロフィール	ゲストや主催者で差別化、価値を付加したプロフィールを作成する
⑨告知文	日時・会場・会費などの基本データ。 さらに参加者の不安要素を取り除き、参加したくなる告知文をつくる
⑩収益構造	売上げ、経費、そしてどこで収益を得るのか、収支計画を立てる

増やす3つの秘訣」です。

このタイトルにしてから、動員数に歴然とした差が出るようになりました。何と、動員数はおよそ3倍にもなったのです。

とくに、私のことをよく知らない人やインターネットでたまたま見かけた人の反応がとてもよくなったのです。

それほど、タイトルというのは重要なのです。重要なだけに、タイトルを決めることはとてもたいへんです。

そこで、私がセミナーの企画をし

ているときにヒントにしているのが書店です。

書店？　と思われた方も多いと思いますが、書店は、企画のネタの宝庫なのです。自分がしたいと思っている勉強会の内容に近いコーナーに行って、平積みにされている書籍のタイトルをじっくりと眺めてみましょう。書店で平積みになっている本は、売れている本か注目されている本なので、ここにはたくさんのヒントが詰まっています。

私のセミナーに来てくださった方に、あるビジネス書の著者の秘書の方がいたのですが、その方にこの話をしたところ、「出版業界がまさしくそうで、タイトルで売上げが変わってくるため、タイトル決めにはかなりのお金と時間を使っています」と、おっしゃっていました。手前味噌ですが、「私の目のつけ所は間違っていなかった」とうれしくなったことを覚えています。

こうして、書店でよく売れている書籍のタイトルをひととおり観察したら、そこから自分の勉強会の特徴や、受講することで得られるメリットを考えていきます。それらに加えて、「3つのポイント」、「10の掟」など、**タイトルに数字を入れる**のも具体性が出ていいでしょう。

また交流会の場合も、どんな交流会かがイメージしやすいタイトルがつけられていると、それが集客につながります。

たとえば、Ｆａｃｅｂｏｏｋで出会った方との交流を目的にした会を企画するとします。その場合、ただの「異業種交流会」より、「Ｆａｃｅｂｏｏｋリアル交流会」としたほうが、Ｆａｃｅｂｏｏｋで出会った方とリアルにご縁をつくっていく交流会なのだな、といったイメージが湧きやすくなります。

このように、タイトルはとても大事なものなので、候補をいくつかあげて、共催する人や友人にも見てもらうようにします。そして、その中で最も語感や語呂のいいものを選ぶといいでしょう。

②目的

企画段階での目的とは、いくら売り上げていくら稼ぎたいか、などといったことではありません。あなたの勉強会や交流会に参加してくれた人たちがどうなってほしいか、どのようになってくれたらうれしいのか、ということです。

参加してくださった人に、どのようなメリットがあるのか、また、自分はどういったものが提供できるのか、をよく考えてみましょう。

私がセミナーや交流会を企画するのは、「出会いが人生を変える」と考えているからです。よい人、よい思想、よい知識に出会うことができれば、人生は好転します。そのまた逆も然りです。悪い人と出会ったことで、人生を転落していくパターンも少なくありません。

人・思想・知識・スキルなど、良質な出会いの場を提供することで、それが参加者にとって豊かな人生を彩る一部となれば、私にとってこれほど幸せなことはありません。また、それがわが社の理念ともなっています。

さて、あなたは参加者にどんなモノを提供したいでしょうか？　参加者がどうなったら、あなたは喜びを感じるでしょうか。

③対象

どんな人に向けて勉強会・交流会を企画するのかについては、ニーズの炙り出しの項でも述べましたが、対象（ターゲット）は明確であればあるほどいいでしょう。

それは、勉強会や交流会を企画するうえで、日時設定や会場選定、内容を決定づける重要な要素となるからです。

あなたが主催する勉強会や交流会は、男性を対象にしたものですか？　それとも、女性を対象にしたものでしょうか？　また、対象の年齢はいくつくらいですか？　その人たちは、どこで働いてどこに住んでいるのでしょうか？　さらに、どんな仕事をしていて、いくらくらいの収入を得ているでしょうか？

さらに、仕事のあるときは、何時に帰ってきて、いつ休んでいるのでしょうか？　その仕事の将来性は？　また、その人たちには、どんな悩みや不安があるのでしょうか？……など、ありとあらゆることを考えてみましょう。イベントのクオリティを高めるための、いろいろなヒントが見つかるはずです。

セミナー例

「知らなきゃ損！学校では教えてくれないお金の授業」

『28歳貯金ゼロから考えるお金のこと』『11歳のバフェットが教えてくれる「経済」の授業』など、ベストセラーの著者、田口智隆氏の初セミナーです。

田口氏は自己破産寸前の状態から、1冊の本との出会いによって、傾きかけた人生を立て直し、わずか数年で経済的に不自由のないセミリタイア状態を実現されました。
その体験を元に、田口氏の考えるお金の原理原則、価値観などをこのセミナーではお話していただきます。

【日　時】
8月3日(水)　19:00 ～ 21:30
※終了後、1時間程度の懇親会を予定しております。よろしければご参加下さい。

【講　師】
田口　智隆 氏

【場 所】
株式会社マーベル・バリエーション80
東京都○○区△△

【アクセス】
JR ○○線○○駅から徒歩5分

【会　費】
3,000円

【講師プロフィール】

田口　智隆　氏
1972年さいたま市出身。

株式会社ファイナンシャルインディペンデンス代表。

貯金なし・自己破産寸前の状態から、6年で経済的ストレスフリーの生活を実現。

現在は、多くの人の経済的自立の支援をミッションに、個別相談・カウンセリング、講演・セミナーなどを積極的に行なっている。

■著書
『28歳貯金ゼロから考えるお金のこと』6刷42000部突破
『11歳のバフェットが教えてくれる「経済」の授業』Amazon総合1位27000部突破
『お金が貯まらない人の悪い習慣39』
『年収200万円からの「お金と人生を真剣に考える」講義』
『1億円が貯まる人の「24の成功ルール」~無一文でも10年かければできる！』等

■掲載メディア
日本経済新聞、朝日新聞、日経マネー、週刊ダイヤモンド、BIGtomorrowなど多数。

④内容（コンテンツ）

私が、どんな基準で内容を考えているかと言うと、まずは**人の役に立つ内容であることが絶対条件**です。そして、この知識は知っておいたほうがいい、ぜひまわりの人たちに聞いていただきたい、と思ったことは積極的に企画します。

ある友人の紹介で出会った『28歳貯金ゼロから考えるお金のこと』『11歳のバフェットが教えてくれる「経済」の授業』などのベストセラーの著者、田口智隆氏のセミナーを開催したときは、「知らなきゃ損！　学校では教えてくれないお金の授業」というタイトルで開催しました。

内容は、タイトルそのものですが、お金にまつわる、知っておいたほうがいい知識を話していただきました。

他には、イメージコンサルタントの二宮歌音理氏による、「数字につながる印象作り！　ビジネスパーソンのための好感度アップセミナー〜あなたの魅力を最大限に引き出す『イメージコンサルティング』〜」セミナーも、洋服の着こなしやマナーなどをぜひ知っていただきたい、ということで企画しました。

セミナー例

数字につながる印象作り！ビジネスパーソンのための好感度アップセミナー
～あなたの魅力を最大限に引き出す『イメージコンサルティング』～

大好評をいただいている「ビジュアルイメージ向上セミナー」に、イメージコンサルタントのベースとなる『パーソナルカラー診断』がセットになったお得なコースが誕生！
お一人お一人を診断いたしますので、限定６名様とさせていただきます。

５年前、『人は見た目が９割』という衝撃的なタイトルの本がベストセラーになりました。
第一印象が、人の判断基準や人間関係に大きく影響を及ぼすと言っても過言ではありません。

イメージコンサルティングは、1960年、ジョン・Ｆ・ケネディが大統領選において起用したことで脚光を浴びはじめました。ケネディの勝利以降、イメージ戦略はアメリカの政治家のみならず、ハリウッドスターやビジネスの世界にも普及するようになっていきました。

外見の与える印象が、仕事や人と人とのコミュニケーションに大きな影響を与えることは、もはや周知の事実です。
人との出会いがある以上、一部の人のみのものではなく、すでに一般の方にまで、イメージコンサルティングに対する需要が広がっています。

日本では、第一印象が人に与える影響の大きさを、まだまだ認識していない方も多いようですが、今一度、見た目の重要性を再認識されてみてはいかがでしょう？

企業勤務や多くのクライアントの魅力を引き出してきた実績を持つ講師が、実務的で適切な着こなし術やあなたに合った色の使い方をお伝えしていきます。

このセミナーでは、以下のことをお伝えします
・第一印象の重要性　その心は？
・人は見た目が９割　それは何？
・あなたの魅力を最大限引き出す色　その使い方

このセミナーは、こんな方にお勧めです
・お客様と接する機会が多い営業マンや接客業の方
・人前に出る仕事の方
・色彩の与える影響を学びたいメイクアップアーティストやスタイリストの方
・企業価値を決める、経営者の方
・結婚活動中の方

・就職活動中の方
・自分をより素敵に見せたい方
・自分の着こなしに自信のない方
　などなど……

【日　時】
5月7日(土)　13:00～16:00
5月18日(水)　13:00～16:00

【講　師】
二宮歌音理氏

【場所】
株式会社マーベル・バリエーション80
東京都○○区△△

【アクセス】
JR○○線○○駅から徒歩5分

【受　講　料】
10,500円

【内　容】
1) イメージコンサルティングとは?
・人は見た目でこんなにも印象が違う
・外見マネジメント

2) パーソナルカラーとは?
・色が与える印象
・配色テクニック

3) ビジネスマン・キャリアウーマンの着こなし術
・好感度を上げる着こなし術とは?

4) パーソナルカラー診断

【講師プロフィール】
大学卒業後、大手証券会社に入社。大手派遣会社にて派遣スタッフの能力開発に携わる。その後独立し、現在は、イメージコンサルタント・研修講師として活動している。

●Help　Desk　Institute　カスタマーサポートスペシャリスト取得
●東京アナウンスアカデミー　CM/ナレーターコース　卒業
●パーソナルカラーアナリスト取得
●英国フィニッシングスクールの英国式マナーを学習
●イメージコンサルタント資格
●日本マナープロトコール検定資格１級
●東京経営塾講師

研修実績
九州旅客鉄道株式会社（JR九州）、九州電力株式会社、日本郵政公社、ドコモセンツウ株式会社 旧UFJ銀行株式会社、福岡県インターンシップ推進協議会、福岡市社会福祉協議会 福岡商工会議所、株式会社九州交通企画、福岡法務局、佐賀地方法務局、財団法人民事法務協会、社団法人九州建設技術管理協会、JR九州ビルマネジメントサービス、福岡市城南区役所、財団法人九州アジア人財協議会、他多数

自分自身で、すでにコンテンツがある場合もあれば、ゲスト講師を招いて、その方のコンテンツをお話しいただく場合もありますが、コンテンツもゲスト講師も選ぶ基準は、私の中では同じです。世のため、人のためになるようなコンテンツや講師かどうか、ということです。

それから講師の場合は、その方のミッションに、主催者として共感できるかどうかも、私にとっては重要な選択基準です。

私は、ビジネスとしてセミナーや交流会を企画していますが、それで

も講師の方の人間性やミッションに共感することができなければ、どれほど儲かりそうなコンテンツでも企画することはありません。

企画書をつくる際には、書かなければならないことは、勉強会であれば当日話す内容です。これは、箇条書きにしておくとわかりやすいでしょう。

以下は、私が以前主催した「iPhone使い方セミナー」の内容例です。

⑴ iPhoneでできること、できないこと概要
- iPhone基本操作
- 方向音痴の方でも安心、GPSで経路検索

⑵ iPhoneをビジネスで活用編
- GmailでPCメールを共有
- PCに保存したエクセルを、外出先でiPhoneを使って見る
- FAXもiPhoneで受けられる&送れる、FAX受注即対応

⑶ iPhoneを楽しもう編
- ゲームやエンターテインメント、健康管理など、多種多様なアプリ

・アプリ、または外部サービスとの組み合わせ
・海外通話無料
・写真の拡大縮小

(4) スティーブ・ジョブスのｉＰｈｏｎｅプレゼンテーション

勉強会で、参加者に伝える知識やスキルも、内容を決めるまでにいろいろと頭を悩ませるかもしれませんが、自分にとっては当たり前のことでも、他人にとっては当たり前ではないことがあります。それを伝えることによって、参加者の人に役立つことがあるのです。

たとえば、私がセミナー講師を務める「セミナー講師・イベント主催者になって収入を増やす3つの秘訣」は、最初はそれほどニーズがあるとは思いませんでしたが、友人のアドバイスによって開催してみたところ、意外にもお申し込みが多くてビックリしました。

一度、自分の経験や得意なことを書き出してみると、勉強会のヒントがいろいろと出

ターゲットに合わせた日時を設定する（会社員の例）

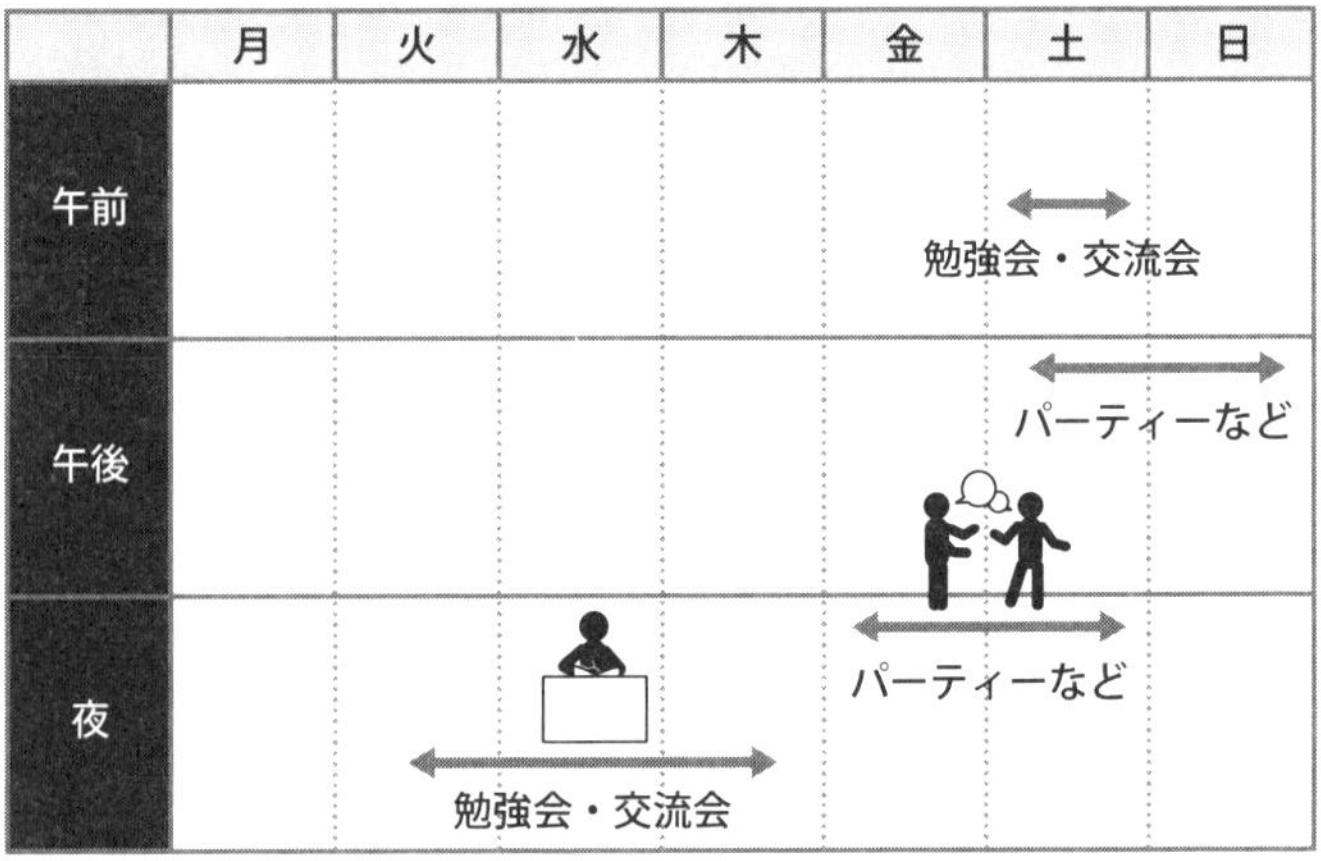

てくるものです。

交流会であれば、ドリンクは出すのか、飲み放題なのか、キャッシュオン（注文時支払い）なのか、アルコールを出すのか、フードはどうするのか、ケータリングなのか・店に出してもらうのか、エンターテイナーによるライブやマジックなどのショー的要素を入れるのか、有名ゲストによるスピーチを入れるのか、それともゲームをするのかなど、当日催すものを考えていきます。

⑤日時

開催日時は、ターゲットに合わせた日時を設定しましょう。

たとえば、主婦層に向けて何か催し物をするのに、家族と過ごす土日の夜に企画しても、なかなか集客に結びつけることはできないからです。

また、内勤のサラリーマン向けに平日の昼間に企画しても、これもまた仕事で出かけることは不可能です。

企業によっては、水曜日は〝ノー残業デー〟としているところもあるため、水曜日の夜の勉強会は、サラリーマンは出席しやすい場合もあります。

私は平日の昼間と夜、土日の午前・午後と夜、お正月休み、GW、夏休みと、さまざまな時期に企画した経験があります。必ずそうとは言い切れませんが、傾向として集客しやすさ・しにくさについてお話しします。

社会人向けの場合、勉強会を企画するのに避けたほうがよい時期としては、月末月初、年末の12月、週初めの月曜日、祝日などの休み明けの日、友人や会社の飲み会などの予定が入りやすい金曜日などです。

交流会やパーティーの場合は、休み前の金曜日や土曜日の夜の開催は人が集まりやすいように思われますが、既婚者は土日の夜は家族と過ごすため、集客には結びつきませんでした。

そのため、**勉強会は火～木の夜、交流会やパーティーは金曜日や土曜日、祝日前に開催する**ようにしていました。

勉強会の場合は、土曜日の午後に開催すると、比較的どんな人でも出かけやすいようです。

逆に、平日の昼間の開催などは普通の勤めをしていると、休みを取らなければ参加できないため、相当意識の高い人や内容にかなり興味がある人だけが集まることになります。その結果、とても濃密で質の高い勉強会や交流会になります。

同じ理由で、日曜日の午前も、意識の高い人や内容に興味がある人が多く集まります。普通は、翌日の月曜日から仕事だから、日曜日くらいはのんびりしたいはずなのに、あえて出かけてくる人なので、これもまた質の高い勉強会や交流会になります。

あえて、出かけづらい日時に設定することによって、意図的に意識の高い人やかなり興味がある人だけを集めることもできるため、目的によっては、一般的には集客しづらい日に設定するのもいいでしょう。

⑥会場・定員

何かを催すときには、まず会場を決めることからはじまります。まず、開催できる〝箱〟がないことには、前に進めることはできないからです。

会場は、できれば定員よりも少し狭いところを借りたほうがいいでしょう。その理由はふたつあります。

ひとつ目は、ビル内でいくつも部屋があるような貸し会議室を借りる場合、広いところを借りて人数が集まらなかった場合、広い部屋から狭い部屋に変更する際には、広い部屋と狭い部屋の室料の差額は戻ってくることはありません。

当然、広い部屋のほうが使用料金が高く、狭い部屋のほうが安いことは言うまでもありません。

最初に少し狭い部屋を借りて、人数が多くなったら広い部屋に変更するのは、売上げもその分増えているわけですから、よけいな経費を支払わなくてもすむことになります。

次に、ふたつ目の理由ですが、勉強会にしても交流会にしても、広い場所に人がまばらにいるよりも、窮屈に感じられるような会場のほうが、場は盛り上がります。会場が広過ぎると、熱気がなくなるからです。

以上の2つの理由から、**少し狭い会場を借りることをおすすめしています。**

2回以上の開催を予定している場合に気をつけなければならないのが、同じ建物内かごく近所に、次の開催候補場所となる大きな会場を見つけておくことです。1回目と2回目で大幅に場所を変えることは、参加者が困惑するからです。

そして、会場は実際に下見をしておくことをおすすめします。インターネットでの写真だけで判断してはいけません。あくまで、写真は参考にする程度です。その会場に収容できる定員数は表示されていますが、隙間なく椅子を並べた場合の人数なのか、あるいは少し余裕を見たうえでの人数なのか、実際に見てみないとわからないからです。

私にも、いくつかの失敗談があります。

セミナー中、ネット回線が必要だったので、有線ＬＡＮが必要なことだけは確認したのですが、動作確認を怠ったため、当日必要だったネット回線が使えなかったことがあります。

また、ライブをやるパーティーを企画し、打ち合わせ段階で、ある機材があるかどうかを聞いたところ、あると言われ安心していたら、当日なかったということがあります。これは、ライブをやるには致命的なミスで、ゲストの方の機転のおかげで、パーティー自体は滞りなくすみましたが、ゲストの方にはたいへん失礼なことをしてしまいました。

ですから、当日使用するものが実際にあるのかどうか、また使えるのかどうかまで、しっかりと確認しておくべきです。

また、講師によっては有線マイク、無線マイク、ピンマイクなどの好み、ＢＧＭをかけるのに音響設備が必要かなど、講師・会場双方の確認をしっかりと行なっておくべきです。

最近の少人数の勉強会を見ていると、人数が確定した時点で、その人数に適したセミナールームを押さえるやり方もあるようです。告知文には、「銀座で開催予定。お申込みいただいた方に場所をお知らせします」といった具合に書き、いくつかの候補の会場の中から選定します。

ただこのやり方だと、インターネットの情報サイトによっては、会場が確定していないと掲載不可のところもあるため、告知方法が、自分のブログの読者やメルマガなどに限定されてしまうことになります。

一方、万一集客できなかった場合、キャンセル料金を払うことなく中止することができるため、場合によっては好都合とも言えます。

⑦会費

次に会費の設定です。

参加者が気軽に参加できる金額とは、いったいいくらくらいでしょうか？

いろいろな勉強会や交流会を見ていると、下は無料や500円から、上は数十万円までさまざまですが、私がこれまで開催してきた経験や参加者の方の生の声から判断すると、5000円が、払いやすさのボーダーラインと感じています。

超有名ゲストが来るなど、付加価値があれば高くても動員は可能でしょうが、当然のことながら、金額が高くなるほど集客は難しくなります。

会費の設定も、付加価値をつけてあえて高くすることで、その会費を払える層を狙うこともできますが、初めて開催する人にはあまり向かないと思われます。

むしろ、一般的な価格よりも少し割安感が感じられたほうが、ネットで初めてあなたの勉強会や交流会を知った人にも、気軽に来ていただくことができます。しかし、安ければ安いほどいいかと言うと、そういうことでもありません。

集客方法や戦略のひとつとして、会費を無料に設定することもできますが、無料というのは〝諸刃の剣〟とも言えます。

無料にして敷居を下げて、最初の取っかかりをよくすることはできますが、いかんせん無料のため、参加者が後先を考えずに申し込んでしまい、結局当日キャンセルされてしまう可能性もあるからです。

会費の設定は、このように難しいものです。しかし、たとえば1万円という金額が高いのかというとそうではなく、払った金額以上の価値を提供することができれば、参加者の方にはお得感を感じてもらうことができます。そのため、**提供できるコンテンツと会費とのバランス感がとても重要**なのです。

⑧ゲストプロフィール、あるいは主催者プロフィール

ゲストや主催者は、勉強会や交流会においては絶対的な存在です。そこで差別化を図ることができれば、大きな付加価値になります。魅力的、かつ交流会や勉強会の趣旨に合ったプロフィールを作成しましょう。

これだけ多くの勉強会や交流会がある中、参加者の方が参加を決める動機のひとつとなるのが、ゲストや主催者のプロフィールです。ゲストや自分自身の成功体験や実績などを盛り込み、参加者から興味を持っていただくことができるプロフィールをつくる必要があります。

そのためにはまずは、自分自身の長所や強みの棚卸からはじめましょう。

そして、もうひとつ重要なのが「プロフィール写真」です。好印象を与えるプロフィール写真を用意しましょう。

では、好印象を与えるプロフィール写真はどういうものかというと、弊社では、過去主催したセミナーで、「好印象を与える写真の撮られ方」というものを開催したことがあります。

著名人や経営者などの写真を撮り続ける肖像写真家で、新聞、雑誌、書籍、テレビ、ラジオ、講演会などでも活躍しているタッ・オザワ氏を招いて、「ビジネスと人生で成功する！　驚異の写真活用術――短期間にブランディング、売上4倍、成約率9割」というセミナーです。

プロフィール写真は、少し角度をつけて撮る

その中で、講師が言っていたことで今でも覚えているのは、「真正面を向いて撮ってはならない」ということでした。

免許書の写真も履歴書の写真も、正面を向いて撮りますが、その場合、何だか犯罪者のような仕上がりにならないでしょうか。残念なことに、私の免許書の写真はそんな感じです。これは、人の顔は左右対称ではないため、正面を向いて撮るとそれが顕著に出てしまって、怖い印象を与えてしまうようです。

魅力的な写真の撮られ方とは、

「少し角度をつけて撮ってもらう」ということだそうです。

たとえば、顔が右を向いていたら、体は左を向けるなどです。そして、人の顔は左右対称ではないため、右側から撮った写真と左側から撮った写真では、驚くほど人に与える印象が異なります。

一度、ご自身の右から撮った写真と左から撮った写真を見比べてみてください。

さわやかな印象、精悍な印象、優しそうな印象、いろいろな表情をしたあなたがいると思いますが、参加してもらいたい人たちに好まれそうなのはどの写真でしょうか。今一度、客観的に見てみましょう。

⑨告知文

ブログやSNS、メールなどに掲載する告知文ですが、最低限入れなくてはならないのが、日時・会場・会費などの基本データです。さらに、どんな勉強会・交流会なのか、どんな内容でどんな人たちが来るのか。受け取る側が、それらをイメージしやすいと集客につながります。

告知文の例（パーティー）

第7回目となる、Party OASIS ！

今回は青山・六本木を中心に質の高い交流会を主催しているオーガナイザーとの、150名規模の初コラボパーティーとなります。

毎回ご好評いただいている、女性の美をテーマにしたブースを今回もご用意しています。

会場は○○○、今年2月にリニューアルオープンし新しく生れ変わりました。
○○○はラウンジやダンスフロアと別れており、異なる空間の融合がとても素敵なお店です。
今回はラウンジエリアにて開催いたします。

形式は、スタンディング(一部席有)フリースタイルで自由に交流を楽しんでいただけます。

会費には2drinkが含まれており、以降cash onでお楽しみいただけます。

友達もお誘いあわせの上、ぜひお越しくださいませ。

皆様にお会いできるのを楽しみにしております！

【日時】
2012年○月○日　19:00 ～ 21:00

【場 所】
○○○○店
東京都○○区○○ 1-2-3　　○○○ビル5階
http://www. ○○○ /

【アクセス】
最寄り駅：東京メトロ　○○○駅から徒歩5分

【参　加　費】
○○○○円

【内　容】
フリードリンク

告知文の例（異業種交流会）

バーを貸し切って、お酒を楽しみながらフリートークで交流を楽しんでいただく交流会です。

少人数で行なう交流会のため、一人ひとりの方とじっくり交流ができること、またお酒を飲みながらリラックスした状態でお話しできること、さまざまな職種の方が参加されるのが特徴です。

今までに、大手企業に勤める会社員、起業家、歯科医、医師、弁護士、税理士、行政書士、社労士、公認会計士、デザイナー、アパレル関係、飲食関係、書家、学生など、さまざまな業種・職種の方にご参加いただきました。

だいたいですが、毎回 40% が会社員、30% が起業家・経営者、15% が専門職、10% が学生、5% が求職、転職を考えている方という属性です。

このイベント主催者は、26 才で独立起業した女性社長です。

【日時】
2012 年○月○日　19:00 ～ 21:00

【場 所】
○○○○店
東京都○○区○○ 1-2-3　　○○○ビル 5 階

【アクセス】
最寄り駅：東京メトロ　○○○駅から徒歩 5 分

【参　加　費】
○○○○円

【内　容】
フリードリンク

交流会だと、参加する人の職種や年齢、性別、勉強会だと、受講することによって、どんな効果やメリットが得られるのかを書くとイメージが膨らみます。

主催する勉強会や交流会のよいところを、なるべくたくさん伝えるようにしてください。勉強会や交流会は形がないものなので、それをいかにわかりやすく伝えることができるかがカギとなります。

もし開催実績があれば、必ずその様子を写真に撮り、告知文と一緒に掲載しましょう。百聞は一見にしかずです。文章で伝えるよりも、画像があるとさらにイメージが伝わりやすくなり、参加することに対する心理的ハードルを下げる効果もあります。

ただ、モノを買うのと違って、交流会や勉強会は、時間とお金の両方を投資していただくわけですから、その価値があるのかどうか、実際に購入するにあたっては慎重になります。

そこで、このような不安要素を取り除いてあげ、さらにはワクワクして参加したくなるような告知文を考えましょう。

⑩収益構造

最後に、主催者として収支計画も立てましょう。売上げ、経費、そしてどこで収益を得るのか。ここは、数値化できる目標の部分です。

キャッシュポイントは、もうこれ以上つくれないのか？　知恵を絞って考えてみましょう。

参加者に満足して帰っていただくことは主催者の喜びですが、満足していただいた対価として利益を得ることができれば、さらに主催する楽しさが増えます。

以上、①〜⑩まで、企画の仕方についてお話ししました。私が一番ワクワクするのは、企画書を書いているときですが、みなさんにも、ぜひワクワクしながら企画書を書いていただきたいと思います。

6章

交流会・勉強会の告知の仕方

It opens.

01 集客は告知の数で決まる

イベントの当日、何人の参加者の方が来てくれるかは、告知をした数に比例します。どんなにすばらしい内容の勉強会・交流会を企画しても、案内を見てもらわないことには、お客様は集まりません。

私は、セミナーやイベントの企画運営をしていることから、同じようなパーティーオーガナイザーなどから、集客の相談を受けることがありますが、お話をうかがっていると、絶対的に告知の数が少ないと感じます。

マーケティングの世界では、たとえば新規顧客に対するＤＭのレスポンス率は４・８％というデータがあります。つまり、１００名にＤＭを出したら、レスポンスがあるのは５名弱ということです。

もちろん、すでにあなたのことを知っている人に対するＤＭだと、レスポンス率は上がります。

このことからも、より多くの人に見てもらうことができれば、それに比例して動員数が上がると言えます。

インターネットは、勉強会・交流会を開催するにあたって、ぜひとも活用していただきたいツールです。その理由は、ＤＭやチラシなどに比べると、費用対効果がとても高いからです。

ＤＭやチラシを１００枚、１０００枚とつくると、かなりのコストがかかります。また、デザインにも時間を要するし、郵送するなら、印刷代に加えて郵送代もかかるからです。

その点、インターネットは、使いようによっては無料です。無料でできることは、気軽にどんどんチャレンジしていただきたいと思います。

さて次に、インターネットをどのように活用したらよいか、についてご説明をしていきます。

①ＳＮＳの活用

ＳＮＳとは、ソーシャル・ネットワーキング・サービスの略で、社会的ネットワークをインターネット上で構築するサービスのことです。

代表的なＳＮＳは、日本最大の会員数を持つｍｉｘｉ、モバイル向けのＧＲＥＥ（グリー）、世界最多の会員数を持つＦａｃｅｂｏｏｋ（フェイスブック）、それに次ぐＭｙＳｐａｃｅ（マイスペース）、２０１１年にはＧｏｏｇｌｅ＋（グーグルプラス）と、ビジネス向けＳＮＳの日本語版ＬｉｎｋｅｄＩｎ（リンクトイン）が登場しました。

今まで、私が実際に使って集客効果のあったｍｉｘｉ、Ｆａｃｅｂｏｏｋについて、少しお話しします。

まず、ｍｉｘｉです。

私が最初に開催した交流会も、ｍｉｘｉで参加者を募りました。交流会を企画しはじめた２００７年頃はｍｉｘｉがブームだったため、アクティブユーザーも多く、告知をした後のレスポンスがとても高かったことをおぼえています。

当時、ｍｉｘｉの中のコミュニティと呼ばれるページで、「異業種交流会・社外勉強会」「東京異業種交流会」などのイベント告知欄でイベントを作成し、公開型にして参加者を募っていました。おかげさまで、その会は大好評で、毎回満員御礼が出るほどでした。

現在、私が主に活用しているのはＦａｃｅｂｏｏｋです。今でも、たまにｍｉｘｉにも掲載するし、ｍｉｘｉからの集客も多少はあるのですが、反響はあまりありません。ｍｉｘｉは２０１１年頃から、若年層（高校生など）のアクティブユーザーが多くなったため、私が来てほしい社会人層とは異なることが考えられます。

そのため、若年層向けの勉強会や交流会を企画するのであれば、ｍｉｘｉが適しているかもしれません。

ですから今、私はＦａｃｅｂｏｏｋを中心に告知をしています。

その理由は、先に述べた社会人層が多いこと、また、自分の友達登録がｍｉｘｉと比べて多いこと、個人でも安価で簡単に広告ページを出稿できること、実名文化で学校や勤務先を書く欄があるため、良識を持った人が多いこと、また「いいね！」のボタンで、気軽にコミュニケーションが取りやすいことなどがあげられます。

Ｆａｃｅｂｏｏｋは、常にユーザーの利便性を高めることをミッションとしているため、たびたび仕様が変更することや、できること（機能）がたくさんあるので、操作がよくわからないという声も聞きますが、使いこなせると便利な機能がたくさんあります。くわしくは、Ｆａｃｅｂｏｏｋ内のヘルプページや専門書を参考にしてください。

次は、Ｔｗｉｔｔｅｒです。

Ｔｗｉｔｔｅｒは、情報が拡散されるのが速いため、リアルタイムの情報を発信するのに適したツールと言っていいでしょう。

情報が流れる速度が速いため、告知媒体としてＴｗｉｔｔｅｒも使用してみましたが、私自身が主催する勉強会や交流会での集客には、あまり結びつきませんでした。

②ブログの活用法

ブログサービスも、Ａｍｅｂｌｏ、ＦＣ２、Ｙａｈｏｏ！、楽天、ライブドアなど、さまざまなものがありますが、私がおすすめするのはＡｍｅｂｌｏです。Ａｍｅｂｌｏのメリットとして、圧倒的に利用者数が多いこと、読者登録という機能によって、Ａｍｅｂｌｏを書いている人同士の相互コミュニケーションが図りやすい点、アメンバーという機能があり、非公開記事を書くことによって、ファンの囲い込みなどができることなどがあげられます。

また、ブログは長い情報でもしっかりと書くことができ、検索結果にも表示されます。ブログに書く記事で間違えてはならないのは、食事やペットや子どものことなどを書き過ぎないようにする、ということです。そういった記事は、人柄や親近感を伝えるのには有効ですが、集客には結びつかないからです。

ですから、集客に適した記事を書くことが重要です。

③ＨＰ（ホームページ）の活用法

ＨＰの作成には専門的な知識が必要となってくるため、まったく知識のない個人の方が立ち上げるのは少し難しいかもしれません。しかし、ＨＰがあれば、そこからの集客も期待できます。

情報を探している人にとって、ブログは日付で記事が分類されているため、ほしい情報にまでたどり着くのに面倒な場合があります。

その点ＨＰは、ページごとに情報を分けることもできるため、情報を探している人にとって探しやすい媒体と言えるでしょう。

定期的に勉強会や交流会を開催していく人であれば、プロに依頼してＨＰを立ち上げるのもいいでしょう。

今はひと昔前と違って、ＨＰの立ち上げもずいぶん安くできるようになってきています。

初期費用は抑え目だが月管理費を取る業者、初期費用はかかるものの、トータルで見ると安価で収まる業者など、さまざまなＨＰ業者がいるため、予算に合った業者を探すことをおすすめします。

④情報サイトの活用

その他に、私が活用しているのは、セミナーズ（http://www.seminars.jp）、EventForce（http://eventforce.jp）、セミナー情報．COM（http://www.seminarjyoho.com）などです。

毎回、セミナーや交流会を企画するたびに、こういったサイトから、参加者の30〜50％にあたる人たちが参加しています。

それぞれ特色があるので、ご説明していきます。

【セミナーズ】

■掲載費

・セミナー・交流会・勉強会の1人あたりの参加費が2999円以下の場合は、ひとつのセミナー・交流会・勉強会あたり、3500円（税込）の掲載費が必要

・参加費が2999円以下のセミナーを月に3件以上掲載したい場合

月間プラン：1万円（税込）※2999円以下のセミナーをひと月に何件でも掲載可能。

■セミナーズ経由で申し込みがあった場合

情報サイトの活用①

セミナーズ	
■情報掲載料	●セミナー・交流会・勉強会の１人あたりの参加費が 3000 円以上の場合 掲載費無料 ●セミナー・交流会・勉強会の１人あたりの参加費 2999 円以下の場合 ひとつのセミナー・交流会・勉強会あたり、3500 円（税込）の掲載費が必要 ●参加費が 2999 円以下のセミナーを月に３件以上掲載したい場合 月間プラン：１万円（税込）※ 2999 円以下のセミナーを、ひと月に何件でも掲載可能
■セミナーズ経由で申し込みがあった場合	成果報酬として参加者１人につき、セミナー代金の５％ クレジットカード決済時の手数料はセミナーズが負担
■口座振込手数料	振込１回につき 630 円
■締日	月末締め翌々月末払い この他に広告枠を申し込むと、手数料が０％になるプランもある セミナーズでは、参加者がセミナーズの口座に振り込みするため、金銭管理を一切しなくてもいいというメリットはあるが、支払のスパンが長いため、キャッシュフローがあまりいいとは言えない

成果報酬として、参加者1人につきセミナー代金の5％

クレジットカード決済時の手数料はセミナーズが負担

■口座振込手数料

振込1回につき630円

■締日

月末締め翌々月末払い。

その他に広告枠を申し込むと、手数料が0％になるプランもあります。

セミナーズでは、参加者がセミナーズの口座に振り込みをするため、金銭管理を一切しなくていいというメリットはありますが、支払いのスパンが長いため、キャッシュフローがいいとは言えません。

【EventForce】

■情報掲載料

無料

■成果報酬無料

クレジットカードで決済した場合のみ、手数料として5％がかかる

■口座振込手数料

振込1回につき650円

なお、振込金額の総額が5000円に満たない場合は繰り越し（3月末・9月末に精算）。

■締日

月末締め翌月末払い。

この他に、広告枠の利用もできます。EventForaceでは、参加者が主催者

情報サイトの活用②

EventForce	
■情報掲載料	無料
■ EventForce 経由で申し込みがあった場合	成果報酬無料 クレジットカードで決済した場合のみ、手数料5%がかかる
■口座振込手数料	振込1回につき650円 なお、振込金額の総額が5000円に満たない場合は、繰り越し（3月末・9月末に精算）
■締日	月末締め翌月末払い。この他に、広告枠の利用もできる。EventForceでは参加者が主催者とクレジットカードを除く金銭のやり取りが直接できるため、キャッシュフローがよくなる。また、クレジットカード・広告枠を使わなければ、一切無料でできるのがメリット （ただし、資産運用カテゴリー掲載には3万円必要。参加費2万5000円以上は、参加費の20%の手数料が必要となる） その他に、ＳＮＳ機能などもある

セミナー情報．COM	
■情報掲載料	無料
■セミナー情報．COM経由で申し込みがあった場合	無料 ※セミナー情報．COMも、広告枠などがある
■備考	すべての機能を無料で使用することができるが、クレジットカードが使用できない

とクレジットカードを除く金銭のやり取りが直接できるため、キャッシュフローがいいと言えます。

また、クレジットカード・広告枠を使わなければ一切無料でできるのがメリット（ただし、資産運用カテゴリー掲載には3万円が必要。参加費2万5000円以上は参加費の20%の手数料が必要）です。

その他に、SNS機能などもあります。

【セミナー情報.COM】

■情報掲載料

無料

■セミナー情報.COM経由で申し込みがあった場合

無料

セミナー情報.COMも広告枠などがあります。すべての機能を無料で使用することができますが、クレジットカードを使用できないのがデメリット（2012年2月現在の機能）。

私が使っているのは、先に述べた3つの情報サイトです。セミナーズ、EventForceの大きなメリットのひとつは、クレジットカードでの決済ができる点です。

自前のHPにクレジット決済機能をつけることも可能ですが、毎月クレジット決済機能の手数料がかかったり、カートを組み込むことが手間なので、こういったサイトを活用すると、そうしたデメリットを省くことができます。

また、参加費が高額になるほどカードを使用する人が増えるため、カード決済希望の方にとっては助かる機能です。

⑤他人の媒体の活用

最近では、ブログやＳＮＳをやる人が増えているため、友人のブログやＳＮＳ、ＨＰなどで、自分の交流会や勉強会を告知してもらいましょう。また、あなたも友人の交流会や勉強会を告知してあげることで、相乗効果が生まれます。


ここまで、ネットの活用方法を書きましたが、ターゲット層や自分の得意・不得意によって、ネットが向くかどうかは人それぞれです。

逆に、ネットを使わないほうがいい人もいます。よく聞かれるのが、ネットはよくわからないけれど、Ｆａｃｅｂｏｏｋやｔｗｉｔｔｅｒはやったほうがいいのでしょうか、という質問です。

それに対する答えは、ネットによって何が得たいか、ということになります。

私は、費用対効果の面からネットをおすすめしています（やり方によっては、お金をかけることなく告知ができるため）が、ネットが苦手だという人は、無理にネットを使わなくてもいいと考えています。慣れないことをすると、思わぬ時間を取られることになるからです。

それより、自分の得意なコミュニケーション方法で集客したほうが、成果が上がるはずです。それに、見ず知らずの人を入れずに、知人や知人の紹介だけで会を成り立たせたいという人だっているはずです。

またターゲットが、ネットを使うことが得意でない高齢の方などの場合、ＤＭのほうが効果が出やすい場合もあります。

自分がどんなタイプなのか、またターゲット層がどんなタイプなのか、そしてネットによってどんな効果を得たいのか、それらを見きわめたうえでネットを活用していきましょう。

02 その他の集客方法

①招待する

　これは、誰かを招待する代わりに、その人の友人を連れてきてもらうというものです。できたら、友人や知人が多い人を選ぶといいでしょう。後は、ブログを書いている人などもいいでしょう。その人のブログで告知をしてもらったり、自分の勉強会や交流会に参加した感想などを書いてもらうのです。

　また、勉強会や交流会を企画した際、どうしても集客がうまくいかずに空席が目立ってしまうようなこともありますが、たとえ無料にしてでも、知り合いに頼み込んで来てもらうようにしましょう。閑散とした会場ほど寂しいものはないし、ゲストを呼んでいる場合は、ゲストに対しても失礼だからです。

　そのときは、プロモーションの一環として割り切って、とにかく人を集めることだけに注力しましょう。

②紹介料を払う

集客をしてもらった場合、参加者1人ごとに謝礼を払います。いろいろなパーティー会社やイベント会社に聞くと、参加費の20～50％ほどの謝礼を払っているところが多いようです。

成果報酬にしておけば、集客できなかった場合は支出がないため、主催者にとってリスクはありません。

③ネームバリューがあるゲストを呼ぶ

知名度があるゲストを呼ぶことで、集客につなげることができます。

ここで気をつけなければならないことが、参加される方たちに興味のありそうなゲストを呼ぶ、ということです。いくら著名であっても、参加される方たちにとって知名度がなければ、呼ぶ意味がないからです。

私は今まで、ＥＳからＣＳを実現させた会社の経営者、〝人脈の達人〟と呼ばれる経営者、カリスマ研修講師、ベストセラー作家、大学の教授、プロのミュージシャン、世界で活躍するマジシャン、フレアバーテンダーの世界チャンピオンなど、さまざまなゲストを呼んでセミナーや交流会を企画してきましたが、ゲストに一目会いたくて来てくださる方は、数多くいらっしゃいました。

ネームバリューのあるゲストを呼ぶと、もうひとついいことがあります。それは、主催者であるあなた自身の評価も高まる、ということです。人間とは不思議なもので、有名な人と知り合いだと、知り合いであるその人自身も〝すごい人〟と感じてしまうようです。

④コラボレーション

すでに交流会や勉強会を開催している方と一緒にイベントを開催することで、客数を増やす方法です。

これは集客面だけではなく、イベント開催の経験がない人にとっては、経験者と運営することで、やり方のノウハウが学べるというメリットもあります。

　また、世代や職種がまったく異なる人と組んでみると、自分の周りにいる人とは違う人との出会いが増えます。どうしても、人間は自分と似たような年代や職業の人と付き合いたがるものだからです。

　バラエティー豊かな人間関係にするという意味で、コラボレーションはとても有効な場合があります。

7章

交流会・勉強会での
コミュニケーション術

It opens.

01

誰とでもすぐに仲よくなれるコミュニケーション術

【効果的な名刺】

初対面の方に最初に渡す名刺ですが、そこにひと工夫加えるだけで会話は広がります。名刺の交換では、会社の名刺を渡すのが一般的ですが、個人でつくってみるのもいいでしょう。とくに、サラリーマンの方が主催者になる場合は、個人の名刺をつくっておくと効果的です。

用紙を色紙にしてみたり、自分の顔写真を載せたり、自分の出身地や出身校、趣味、家族構成、目標などを書くと、それらが話のネタとなります。

また会社の名刺に、出会った人に向けてメッセージを書いたり、シールや顔写真を貼っている人もいます。

過去私は、表に大きく「名刺！」とだけ書かれている名刺をいただいたことがあり、非常に印象に残っています。

また、話のネタにはなりにくいかもしれませんが、いただいた名刺の紙の質感がいいと、思わず声に出して「いい紙を使っていらっしゃいますね！」と言ってしまいます。紙の厚さや光沢など、手に持った瞬間、触覚に訴えるメッセージもあります。よい紙を使うと、それだけ値段も張りますが、そういった上質な紙を使用した名刺をいただくと、〝細部にまでこだわっている人〟と感じます。

このように、名刺ひとつで話が広がるため、ぜひご自身の名刺にひと工夫してみてください。

【外見的なアプローチ】

『人は見た目が9割』というタイトルの本もありましたが、初対面における第一印象を決めるのが、その人の外見です。

男性の場合、ピンクやレモンイエローのネクタイなど、ちょっと会社にはしていけないと思われるような色のネクタイにチャレンジしてみると、相手の印象に残りやすくなります。

とくに、女性にはピンクのネクタイは受けがいいようです。その他には、帽子やアクセサリーに凝ってみてもいいでしょう。

私が、ある勉強会で出会った人は着物を着ていました。その方とお会いしたのはそのとき一度きりですが、今でも強く印象に残っています。

また、外見を変えると性格も変わります。人は、外見に応じた行動を自然と取るようになるからです。

「仕事がデキる」ように見える上質なスーツを着れば、おのずとそれにふさわしい立ち居振る舞いをするようになります。私自身のことで言えば、ふだんはパンツをはいていることが多いのですが、ちょっとかしこまったところで食事をする際にスカートを履くと、仕草まで変わります。

「まずは形から」という言葉もありますが、ふだんとは違った装いをしていると、知らず知らずのうちにしぐさや行動までが変化していくようになります。

【類似性の法則】

ある人との間に、共通の知人や出身地、趣味嗜好、興味の対象など、自分自身と似ているものがあると、その人に対して親近感を抱いて距離が縮まります。もし、出会った人との距離を縮めたかったら、この法則を利用しましょう。

そのために、相手にいろいろと質問する必要もあるし、先に述べた出身地などを書いた名刺を用意しておくと、相手のほうから、自分との類似性を見出してくれる場合もあります。

今は、ブログやSNSをしている人が多いため、事前に参加される方のことをネットで調べておくと、共通の話題が見つかる場合があります。

【緊張せずに人と話すコツ】

出会ったばかりの人と話すことは、やはり緊張をするものです。その緊張の中には、自分自身をよく見せたい、失敗したくないという気持ちが働くからです。

毎月多くのセミナーや交流会を主催し、講師や司会などをしている私も、実は未だに緊張しています。

そんなときどうするかというと、「緊張したままでもいいんだ！」という、ある種の開き直りと、自分自身を実力以上によく見せようとせず、等身大の自分自身でいるように努めています。

さらに、類似性の法則のところでも述べましたが、少しでも知らない部分をなくすために、相手の情報を事前に収集しておくことで、緊張を和らげることができます。

人は、緊張しないようにしようとすると、ますます緊張してしまうのはよくあることですが、「少しくらい失敗しても大した問題ではない」というように気持ちを切り替えることによって、案外気楽に話せるようになるものです。

【気持ちよく話してもらうための質問の仕方】

会話の糸口は、まず質問からはじまっていきますが、よい質問とよくない質問の仕方があります。

それは、「詰問」になってはならないということです。受け取り手にとって、矢継ぎ早に、まるで厳しく問い詰められているように感じられる質問の仕方であってはなりません。

まず最初は、当たり障りのない会話から徐々に深めていくのが通常の会話の流れですが、次から次へと質問を繰り出すのではなく、自分の情報や感想、感情などを相手に返しながら質問していくようにしましょう。

そうすれば、相手は問い詰められているような感情は持たないはずです。

02

交流会・勉強会に参加したときは主催者から紹介してもらう

この項では、主催者ではなく、参加者として交流会・勉強会に参加したときのことを少しお話ししたいと思います。

交流会や勉強会を主催するようになると、それだけ出会う人の数も増えるため、必然的に同じような交流会や勉強会に招かれることが増えていくようになります。

そこで、まずお伝えしたいのが、主催者のはっきりしない交流会や勉強会には出かけないほうがよい、ということです。これは、一概に勉強会と言っても玉石混淆で、よい交流会・勉強会もあれば、あまり質のよくないものもあるからです。

何がよくて、何がよくないかは人それぞれですが、主催者を知っていれば、どんな人が来るのか、どんな内容なのか、事前に情報収集をすることが可能です。しかも、主催者から他の参加者を紹介してもらうことができます。

私自身もそうですが、勉強会や交流会を開催する主催者は、参加者に対してよい空間や時間、出会いを提供したいと考えています。

参加者から、こういった業種の方と出会いたいんだけど、あるいはこういったことを求めている方と出会いたいんだけど、と伝えられていると、主催者はできるだけその要望に合った方を紹介してくれるはずです。

逆に、もしあなたが主催をしたときは、あなた自身がハブとなって、いろいろな人を紹介してあげることで、参加者から喜ばれるはずです。

03

交流会・勉強会で得た人脈を次につなげる方法

もし、交流会・勉強会で、とても有意義な交流の時間を過ごすことができたとしても、その後、何もアクションを起こさなければ、相手の方からアクションを起こしてくれない限り、出会った方とのご縁はそれっきりになってしまいます。

「会社の名刺をいただいたんだけど、お礼のメールをしてもいいのかなあ」と迷われることもあるかと思いますが、名刺をいただいた際に、「お礼のメールなど、してもよろしいでしょうか?」とひと言聞いてみるようにしましょう。会社によっては、私的なメールがNGなところもあるからです。

その他には、お礼のハガキや手紙などを出すという手もあります。それらが、今後の人間関係の第一歩となります。

そして、ご縁をつなげていきたい人とは積極的にどんどん会うようにしましょう。会えば会うほど、相手との距離が縮まり仲よくなることができます。

また、相手とのご縁を継続させるコツは、とにかく続けることです。定期的に連絡を取って、できるだけ会う機会をつくるようにするのです。同じ会社や同じビルで働いているなど、毎日会える環境なら別ですが、所属するコミュニティがまったく違う場合、自ら進んで連絡を取らなければ、いとも簡単にご縁はなくなってしまうからです。

決して受け身になることなく、自分のほうから積極的にどんどん動いていっていただきたいのです。

自分自身で、積極的に相手に働きかけてご縁を活かしていくことによってしか、活きた人間関係を形成していくことはできない、と肝に銘じておいてください。

あとがき

イベントの主催者になれば、こんなにも人生は豊かになる

私が、交流会や勉強会を主催するようになって、4年が経ちました。その間、出会った人たちは、少なくとも3000人以上はいますが、その中からプロジェクトが生まれたり、お仕事をいただいたり、ビジネスパートナーやすばらしい仲間、そして友人たちとの数多くの出会いがありました。

これは、私自身が主催者だったからこそ、このような多くの出会いがあったのだと、つくづく感じています。

私自身、「引っ込み思案」というもともとの性格もあって、最初の交流会はとても緊張したし、最初はイベントを主催するなど、私には難しいことと感じていましたが、勇

気をもって第1回目の交流会を開催したことが、今の私の糧になっています。

誰しも、それまでやったことがないことをしたり、最初の一歩を踏み出すことには、大きな不安がつきものです。しかし、ぜひその第一歩を踏み出してみてください。

最後になりましたが、いつも、私のセミナーや交流会に参加してくださっているみなさま、そして私を支えてくださっているビジネスパートナーのみなさまや仲間たち、今まで出会ったすべての方々に、心から御礼を申し上げます。

2012年4月

安井　麻代

著者略歴

安井　麻代（やすい　まよ）

株式会社マーベルバリエーション80代表取締役。1980年、愛知県出身。

1998年より飲食業界に入る。2000年より、飲食店を経営する会社にバーテンダーとして入社し、1年後、店長に抜擢。その後、取締役、ゼネラルマネージャー、スーパーバイザーとして、業態開発や企画、人財教育に携わる。2007年独立起業。株式会社マーベル（現株式会社マーベルバリエーション80）設立。

銀座でバーを開店し、異業種交流会やセミナーの企画運営をはじめる。2012年ありがto Cafe&Barの運営を開始。今までに、100回以上の異業種交流会、パーティー、ランチ会、SNSのオフ会、食事会、勉強会やセミナー、講演会などを開催。参加者は3000人にものぼる。著書に『初めて会う人でも大丈夫！　誰とでもすぐに「仲良くなる」技術』（すばる舎）がある。

ホームページ　http://www.mabell.biz/
ブログ　http://ameblo.jp/m-yasui/
Facebook　http://www.facebook.com/mabell.variation80

誰にでもできる
「交流会・勉強会」の主催者になって稼ぐ法

平成24年6月8日　初版発行

著　者 ―― 安井　麻代
発行者 ―― 中島　治久

発行所 ―― 同文舘出版株式会社

東京都千代田区神田神保町1-41　〒101-0051
営業03（3294）1801　編集03（3294）1802
振替00100-8-42935　http://www.dobunkan.co.jp

ISBN978-4-495-59791-7
印刷／製本：シナノ
Printed in Japan 2012